AF453584

# SUR LE PATIN

TYPOGRAPHIE DE CH. LAHURE
Imprimeur du Sénat et de la Cour de Cassation
rue de Vaugirard, 9

# SUR

# LE PATIN

PAR

## ALPHONSE SILVA

Glissez, mortels, n'appuyez pas!

PARIS

LIBRAIRIE D'ALPHONSE TARIDE

RUE DE MARENGO, 3

—

1857

A MONSIEUR

# LE COMTE DAS ALCAÇOVAS.

MONSIEUR ET CHER COMTE,

Votre langue maternelle contient, plus encore que l'italien, une foule de charmants diminutifs parmi lesquels je vais chercher le plus modeste, sans être trop sûr de le bien rencontrer. *Pequenina lembrança !* vous dirai-je en vous offrant ces quelques pages de journal qu'on m'a proposé de convertir en livre.

Mais quelle pensée bizarre que de mêler à un sujet voué au froid votre nom doublement affectionné, et de vous envoyer l'éloge du patin dans une contrée où je n'ai vu de la glace qu'une seule fois, sur les hauteurs de Mafra, en février 1854 ! (Terrible hiver, monsieur ! il m'en souvient....) Le vent du nord sévissait depuis trois jours, et les bassins de la vieille abbaye finirent par se congeler presque assez fortement pour supporter le poids d'un colibri.

Comment se fait-il encore que des idées de neige, de givre, de frimas, des images toutes boréales viennent me rappeler l'hospitalier manoir de Paço d'Arcos avec ses arceaux au bord du Tage, en vue de l'Océan; et Lumiar, la *quinta* de Lumiar, dont les jardins, à cette époque, sont couverts de fruits et de fleurs, d'oranges et de camélias? Enfin, monsieur, pourquoi rêvé-je de Lisbonne, à propos de glace?

Ai-je suivi la loi des contrastes, obéi à l'affinité proverbiale des extrêmes, compté sur le procédé un peu vulgaire des antithèses, espéré que la légèreté du fond ferait mieux ressortir l'immuable gravité de mes sentiments pour vous? Questions complexes, que je vous prie, cher comte, de vouloir bien résoudre à ma place. Analyser son propre cœur est une opération hasardée, où l'on s'égare souvent; mais vous, monsieur, qui connaissez le mien déjà, vous ne sauriez prendre le change.

ALPH. SILVA.

6 janvier 1857.

# AVANT-PROPOS.

Glissez, mortels ; n'appuyez pas !

Voilà un vers de huit syllabes qui me revient à l'esprit, et dont j'admire l'heureuse concision. Je le prends pour épigraphe à cause de sa longue portée philosophique ; et, au besoin, j'en ferais volontiers ma préface, parce qu'au propre, — sur le terrain où je l'emploie, — il pourrait, dans un développement de dix syllabes (*mortels* étant superflu), résumer tous les préceptes imaginables concernant l'art de patiner.

Cependant, je dois ajouter quelques mots.

Ce n'est ni une théorie impossible, ni un enseignement pédantesque qu'il faut s'attendre à rencontrer ici. Nous voulons simplement causer d'un art qui nous est cher, inspirer au lecteur notre prédilection, et lui offrir à tout hasard nos faibles conseils.

Peut-être nous saura-t-on gré d'avoir recueilli quelques documents littéraires en faveur du sujet qui nous occupe ; mais ces documents sont peu nombreux, et, qui pis est, ils n'appartiennent point à notre nation.

Nous autres Français, nous avons, depuis

Louis XIV, une réputation de danseurs et de sauteurs qui est foncièrement établie chez les étrangers, surtout en Allemagne, où j'imagine qu'elle influe parfois sur plus d'une sérieuse négociation.

N'essayez pas de vous inscrire en faux, c'est inutile ; vous ne réussirez à rien auprès d'un Allemand, si ce n'est à l'affermir encore davantage dans sa déplorable opinion. Plus votre protestation sera énergique, plus il trouvera de sel à ce qu'il appellera votre plaisanterie, et il rira de tout son cœur, fier de sa propre sagacité : c'est qu'il croit à un badinage, et il est enchanté de vous surprendre vous-même en flagrant délit de légèreté. Otons à ce renom son caractère exclusif et malicieux, il nous restera l'agilité et des dispositions gymnastiques assez remarquables, ce dont nous convenons sans nous faire prier.

Eh bien ! croira-t-on que ces Français si dispos, reconnus tels par les autres et par eux-mêmes, aient passé[1] sous silence l'art pour lequel ils devaient avoir le plus de sympathie, et que ce soient les Allemands, le peuple le plus sérieux du monde, qui, par l'organe du plus grave et du plus religieux de leurs poëtes, se sont épris d'un véritable enthousiasme pour le patin ?

On s'étonnera sans doute que ce petit livre ne soit pas orné de figures qui mettent en relief les principales attitudes du patineur. Quant à nous, nous re-

---

1. J'excepte M. de Lamartine, qui n'oublie rien de ce qui est beau.

rettons médiocrement qu'une certaine rapidité de
rédaction nous ait empêché de solliciter l'intervention
du dessinateur ou du peintre ; car, même en admet-
tant toutes les conditions favorables, c'est-à-dire aussi
bien le talent de l'artiste que l'infatigable docilité du
modèle, et les supposant l'un ou l'autre versé dans
l'art de patiner, nous aurions peur encore que le
crayon du maître n'évitât difficilement les poses for-
cées, grotesques ou impossibles ; qu'il n'aboutît à la
charge, et ne parodiât d'une façon triomphante ce
qu'à côté de lui la plume tenterait de vanter sérieusement.

Néanmoins, si l'on tient absolument à voir au
frontispice une image, une gravure quelconque, nous
promettons d'introduire, — dans notre seconde édition, — une bonne lithographie tirée d'un chef-
d'œuvre généralement connu.

Nous choisirions, par exemple, ou le Mercure avec
les ailes aux pieds, ou le Génie doré qui surmonte le
monument de la Bastille.

Ce Génie, que nous aurions le soin d'habiller, re-
présenterait, à peu de chose près, quelque amateur
exécutant à toute volée une très-jolie figure du patin
à laquelle on a donné un nom grandiose : la *Renommée*.

# SUR LE PATIN.

---

### CHAPITRE PREMIER.

L'invention du patin. — Klopstock et ses médecins. — L'auteur
de la *Messiade* a composé cinq poëmes en l'honneur du patin.
— Analyse de son ode *Eislauf*. — Le mot *patinage* et l'Académie. — Appel aux poëtes. — Byron. — Comment M. Alph.
de Lamartine sait chanter en prose le plaisir de patiner.


Vergraben ist in ewige Nacht
Der Erfinder groszer Nahme zu oft!
Was ihr Geist grübelnd entdeckt, nutzen wir;
   Aber belohnt Ehre sie auch?

Wer nannte dir den kühneren Mann,
Der zuerst am Maste Segel erhob!
Ach, verging selber der Ruhm dessen nicht,
   Welcher dem Fusz Flügel erfand!

Und sollte der unsterblich nicht seyn,
Der Gesundheit uns und Freuden erfand,
Die das Rosz muthig im Lauf niemals gab,
   Welche der Reihn selber nicht hat?
Eislauf. — KLOPSTOCK.


Trop souvent, dans la nuit éternelle
Est enseveli le grand nom des inventeurs!

1

Nous profitons, nous, de leurs ingénieuses découvertes;
  Mais eux, sont-ils aussi récompensés par l'honneur?

Qu'on vous nomme le mortel audacieux
Qui, le premier, dressa la voile au haut d'un mât!
Hélas! elle-même n'est-elle pas évanouie la gloire
  De celui qui inventa l'aile au pied!

Et ne devrait-il pas être immortel, celui
Qui trouva réunis l'avantage du plaisir et celui de la santé;
Plaisir que jamais cheval ne donna dans l'ardeur de sa course,
  Que la danse elle-même ne saurait procurer?

Le poëte qui se plaint ainsi (et c'est fort littéraire
en allemand) de ce que l'admirable inventeur de
l'*aile au pied*, du *cothurne d'eau*, du patin, en un
mot, est resté inconnu, Klopstock, avait trois médecins : d'abord le docteur Hensler, de Hambourg,
et puis deux autres, qui n'étaient pas gradués,
mais qui n'en valaient que mieux, selon lui : c'était
Iduna, son cheval chéri, et c'étaient surtout ses patins !

Aussi l'auteur, le pieux et sublime auteur de la
*Messiade*, a-t-il composé cinq poëmes en l'honneur
de ce qu'il appelle *le cothurne d'eau*. Nous en avons
lu trois : *der Kamin (la Cheminée)*, *Winterfreuden*
(*Plaisirs de l'hiver*), *der Eislauf* (*la Course sur la
glace*, ou mieux , *le Patinage*), néologisme que je
demande à patronner; l'Académie, qui a peur de
glisser apparemment, n'ayant jamais voulu trou-

ver un mot qui exprimât l'art ou l'exercice du patin.

Ces odes enthousiastes, dont la prose, quelle qu'elle soit, ne saurait reproduire ni l'énergie ni les vives images, mériteraient bien d'être connues chez nous. Or, je n'imagine pas d'interprète plus digne, de traducteur plus compétent qu'un poëte sachant patiner aussi bien qu'il écrit.

Veuillez alors, chers lecteurs, s'il a le temps de vous écouter, prévenir M. de Lamartine de sa double confraternité avec Klopstock, et lui persuader qu'elle *oblige.*

Nous faisons, nous, un appel également stérile à un écrivain qui n'est plus, nous invoquons la mémoire de lord Byron. Quel dommage que ce nageur intrépide, qui a tant vanté les exercices du corps, que ce poëte, au front superbe et aux pieds de Vulcain, n'ait pas voulu chanter un plaisir dont il ne jouissait pas !

Croyez-le bien, le silence de ce grand génie n'a pas d'autre cause qu'un pied anormal. Sa lyre s'est tue sur l'art de patiner, de même qu'elle a oublié Napoléon ou Chateaubriand. L'envie, apparemment, était encore une des faiblesses de cette âme d'élite : Byron ne voulait relever aucune supériorité à laquelle il n'eût pu prendre part.

Ces inutiles appels ou prosopopées me détournent de mon sujet. Je reprends l'ode *Eislauf* dont j'ai essayé tout à l'heure de traduire les premières strophes :

O Jüngling, der den Wasser-Kothurn
Zu beseelen weiss....

O jeune homme, toi qui sais animer le cothurne d'eau,
La plaine de cristal t'appelle, elle te fait signe.
Des Krystalls Ebne dir winkt !

Laisse à la ville sa cheminée! Viens avec moi....
Lass der Stadt ihren Kamin! Komm mit mir....

Les annotateurs allemands présument que ces paroles regardent le poëte Claudius, très-jeune alors, ami de Klopstock; il est aussi permis de supposer que l'invitation est adressée au lecteur.

La plaine de cristal où vous conduit l'auteur, c'est le lac de Lyngbye, théâtre habituel de ses exercices.

Le poëte jette d'abord un regard autour de lui :

« Remarquez le profond silence qui règne sur la *blanche étendue* (*das weisse Gefild*), la douce sérénité d'une matinée d'hiver, le givre et les frimas qui scintillent à l'égal des étoiles, *glænzenden Reif, Sternen gleich!* »

Mais bientôt, impatient de mouvement, il interpelle brusquement son compagnon :

Zur Linken wende du dich, ich will
Zu der Rechten hin halbkreisend mich drehn;

Nimm den Schwung, wie du mich ihn nehmen siehst :
Also ! nun fleug schnell mir vorbei !

Toi, tourne à gauche, et moi je vais
Décrire à droite un demi-cercle ;
Prends ton élan, comme tu me le vois prendre :
Allons ! passe à présent bien vite devant moi !

Paraphrase poétique (du moins dans l'original), qui décrit un peu vaguement, j'en conviens, ce qu'en argot du métier nous appellerions des *dehors à deux* ou des *olivettes*.

Ainsi vont nos deux patineurs, se croisant, se balançant, serpentant autour de l'île ; le maître gourmande le jeune élève, il raille ses attitudes, que Preisler, l'illustre graveur, ne prendra jamais pour modèle.

Cependant, le vent du nord aiguise l'appétit ; l'exercice l'excite encore davantage. Allez toujours ! on vous promet un repas frugal, bien frugal assurément, car on vous offre le simple *fruit de l'épi, des Halmes Frucht*, autrement dit du pain ; mais, en revanche, vous aurez les *joies du vin, Freuden des Weins*.

Comme il est clair et sonore, le ronflement de la glace, sous la morsure du patin !… Oh ! prenez garde ! Écoutez ! Si le bruit est sourd, si le résonnement cesse d'être cristallin, alors il y a péril. *Zurück ! En arrière !… Der Todeston wehklagt ! C'est le gémissement de la mort !*

*Sous cette légère surface gît une source perfide :*
*c'est la mort qu'on entend sourdre! Dem geheimen*
*Quell entrieselt der Tod!*

J'ai presque analysé le petit poëme de *Eislauf*,
négligeant, malgré moi, les plus charmants détails;
seulement j'ai épargné au lecteur les derniers
vers, qui tournent trop complétement à l'élégie.

On me pardonnera, j'en suis sûr, cette longue
digression : il est si aisé d'être entraîné par un sujet de cette nature! D'ailleurs les citations célèbres rentrent dans mon plan, elles font autorité.
Et puis, je confesse humblement mon ignorance :
sauf mon épigraphe ambiguë, je ne sache aucun
vers français qui chante le plaisir de patiner; or,
je tenais au cortége poétique, et j'ai été le chercher
à l'étranger.

Maintenant, je vais transcrire une prose magnifique où l'on ne trouvera ni conseils, ni drame,
comme dans *Eislauf;* mais, selon moi, un sentiment plus exquis, un enthousiasme plus relevé :

« En bas, les prés ou le ruisseau débordé étaient
souvent des lacs de glace interrompus seulement
par le tronc noir des saules. Nous avions trouvé
le moyen d'avoir des patins, et, à force de chutes,
nous avions appris à nous en servir. C'est là que
je pris une véritable passion pour cet exercice du
nord, où je devins très-habile plus tard.

« Se sentir emporté avec la rapidité de la flèche

et avec les gracieuses ondulations de l'oiseau dans l'air, sur une surface plane, brillante, sonore et perfide; s'imprimer à soi-même par un simple balancement du corps et, pour ainsi dire, par le seul gouvernail de la volonté, toutes les courbes, toutes les inflexions de la barque sur la mer ou de l'aigle planant dans le bleu du ciel, c'était pour moi, et ce serait encore, si je ne respectais pas mes années, une telle ivresse des sens et un si voluptueux étourdissement de la pensée, que je ne puis y penser sans émotion. Les chevaux mêmes que j'ai tant aimés ne donnent pas au cavalier ce délire mélancolique que les grands lacs glacés donnent aux patineurs. Combien de fois n'ai-je pas fait des vœux pour que l'hiver, avec son brillant soleil froid, étincelant sur les glaces bleues des prairies sans bornes de la Saône, fût éternel comme nos plaisirs! » (*Les Confidences de Lamartine.*)

# CHAPITRE II.

Les professeurs du patin et les amateurs. — L'imitation. — La *botte secrète*. — Nomenclature incomplète, arbitraire. — Les *quatre pas* élémentaires. — Jules Janin. — Préjugé inconcevable des *sportsmen* de la glace. — La gravité en France ; les danseurs qui frisent la cinquantaine, et les faux nez du carnaval. — Ce que c'est qu'une foule qui patine : son unique charme. — Les poëtes, les artistes, les gens de lettres, les prêtres. — Abstention des philosophes, des mathématiciens et des danseurs. — L'invention du télescope. — Les astronomes et l'astrologue. — Abus de la mythologie. — Profonde méditation des Anglais. — Le club des patineurs à Londres, et S. A. R. le prince Albert. — La rivière Serpentine.

Apprenez donc à patiner. Mais d'abord :

Le grand art du patin, se peut-il enseigner ?

*Pas plus que l'art des vers,* si j'ose répondre à cet alexandrin par un hémistiche de ma façon, qui a du moins pour lui le mérite de la sincérité. On est poëte, on patine, de soi ; par disposition naturelle, par imitation, par inspiration.

Aussi, loin de nous l'air magistral, le ton dogmatique, les prétentions didactiques ! Notre opuscule n'a pas besoin de ce gros attirail, son essence même y répugnerait.

Comment! Mais les nombreux professeurs de patin qui vous entourent, qui vous circonviennent aux abords de la glace?

Erreur, profonde erreur! Les maîtres que vous rencontrez là, en paletots d'alpaga, sont d'excellents professeurs de boxe parisienne, de canne et de bâton, de trombone et de cornet à piston, dont vous pouvez utiliser les talents ailleurs que sur la glace.

Au demeurant, ce sont d'honnêtes et paisibles industriels, qui vous loueront des patins, garderon votre manteau, soutiendront vos pas chancelants, et vous relèveront précieusement dans vos chutes.

Acceptez et payez ces utiles services : la démonstration que vous n'aurez pas écoutée sera par-dessus le marché; de cette façon, tout le monde y gagnera. Regardez les vrais amateurs et cherchez à les imiter. L'imitation des grands modèles, tel est en tout le meilleur des préceptes.

Cependant il faut des études préliminaires avant d'être en état d'imiter. Eh bien! voulez-vous que je vous dise, moi, le *fin* du patin, que je vous apprenne du premier coup la fameuse *botte secrète*, pour employer une locution de salle d'armes? Ce sera bientôt fait.

La nomenclature des mouvements de patinage est embrouillée, arbitraire; elle reste encore à établir. Il y a pourtant des figures qui sont classées (vous en verrez bientôt la liste); d'autres qui n'ont point de noms ou en ont trop; d'autres encore qui sont incréées, qu'on peut imaginer. L'art est infini, l'improvisation continuelle. Mais cette variété, cet enchevêtrement de figures repose constamment sur quatre pas élémentaires qu'il s'agit d'étudier.

Voici ces pas, dont le nom disgracieux a été unanimement accepté : *le dehors* et *le dedans en avant*, *le dehors* et *le dedans en arrière*.

Aussitôt que vous saurez courir sur vos patins, ce qui est l'affaire de cinq ou six chutes et d'une huitaine de jours, vous choisirez un coin de glace isolé; et là, sans regarder autour de vous, vous *travaillerez* uniquement vos pas élémentaires. Vous commencerez par le *dehors en avant*, qu'il faudra exécuter aussi bien sur l'une que sur l'autre jambe (la gauche est souvent paresseuse); ensuite, contrairement aux habitudes reçues, vous essayerez sur-le-champ le *dehors en arrière*, parce que vous avez l'avantage de conserver la *carre*, à laquelle vous êtes déjà fait. (Vous comprendrez ceci plus tard.)

Procédez de la même façon pour les *dedans*, ayant bien soin de ne quitter aucun pas sans être parvenu à le *fermer*, c'est-à-dire à en former un cercle.

Allons! je vous vois ferme sur la *carre*, le jarret mi-tendu, le corps abandonné; votre cercle est

parfait, la lame de votre patin fait l'effet d'un compas. Très-bien! jeune homme! A présent volez de
vos propres ailes. *Macte animo, puer!... Tu Marcellus eris!* vous dirait Jules Janin. Vous ne serez
point Marcellus, mais vous voilà capable de comprendre et d'imiter, et vous égalerez ou surpasserez
peut-être MM. D..., R..., C..., L..., patineurs émérites, dont je me contente d'écrire les initiales.

C'est ici le cas de noter un préjugé qui n'existe
que dans notre pays, préjugé auquel j'ai l'inconséquence de sacrifier moi-même en ce moment.

Les livres qui traitent du sport ne manquent pas
d'en citer les héros. Les centaures renommés appartiennent exclusivement à la noblesse ou à la
haute finance : c'est le vicomte de Talon, les marquis de Lauriston et de Noailles, le banquier Perregaux, etc. Les tritons sont mêlés, l'eau coulant
pour tout le monde : à côté du marquis de Courtivron, on remarque l'architecte Heurteloup et le
peintre Domey ; je crois même qu'une fois, sous le
Pont-Royal, ces *vilains-là* ont administré quelques
passades au gentilhomme qui les avait défiés. Les
tireurs d'épée, non plus, ne sont pas tous marquis,
témoin M. Ambert, l'ex-préfet du Rhône, qui luttait
sans désavantage avec Lozès l'aîné, et M. Legouvé
l'académicien, l'un des meilleurs élèves de l'incomparable Bertrand. Enfin la canne et le bâton sont des
sceptres que le spirituel auteur du *Sport à Paris*

adjuge à deux écrivains de talent, **M. Alph. Karr** et **M. Lireux.** Les noms de ces célébrités diverses sont écrits en toutes lettres, avec l'autorisation de leurs détenteurs, vraisemblablement.

Mais les *sportsmen* de la glace rougiraient d'être connus dès qu'ils ont chaussé des patins ; et, à part quelques exceptions, ils ne sont désignés que par la couleur de la veste et du bonnet, ou par un tic, ou par des *signes particuliers*, analogues à ceux des passe-ports ; ces messieurs cachent leur nom comme une femme son âge, ou ne le livrent qu'avec répugnance : on est si pudibond chez nous ! C'est incroyable que cette monomanie de gravité en France ! Et admirez la logique ! On ne se gêne pas pour danser de quarante à cinquante ans, plus par obligation de convenance, je suppose, que par plaisir ; mais enfin l'on danse, ce qui peut sembler ridicule, et l'on se cache de prendre le charmant et salutaire exercice du patin ! Voyez même un grand homme partageant ce préjugé vulgaire : M. de Lamartine, que je n'ai point vu patiner, il est vrai, mais que j'ai cru souvent sur parole, M. de Lamartine, après sa magnifique apologie de l'*exercice du nord*, n'ajoute-t-il pas qu'il se récuse parce qu'il *respecte ses années !*

Qu'est-ce à dire ! Le noble et gracieux amusement du patin serait-il donc un plaisir clandestin, licencieux, prohibé ? Et se trouve-t-on en si mau-

aise société sur la glace, qu'il faille y porter de
aux nez comme aux bals du carnaval?

Soit. Examinons un peu, je vous prie, une foule
qui patine.

De la berge où nous sommes, nous assistons à un
curieux spectacle.

Le lieu de la scène est un lac glacé, une table
rase, une sorte de terrain vierge, si j'ose ainsi
dire, que chacun peut exploiter librement et à sa
façon; l'égalité règne sur cette plaine de cristal,
l'intrigue est impossible, les priviléges de naissance
et de fortune ne servent de rien : l'adresse, la
grâce seule doivent triompher.

Les pionniers qui défrichent ces champs de glace
sont de tout âge et de toute condition.... Répu-
blique plus vraie que.... Ici vous arrêtez mes déve-
loppements, et vous faites sagement; ces déduc-
tions pourraient bien me mener plus loin que je
ne voudrais; vous m'interrompez pour me dire :

« En résumé, c'est la foule que vous me dépei-
gnez-là, la foule telle qu'elle est partout, une cohue, un pêle-mêle.

— Oui, mais c'est la foule en plein air, en hiver;
et son charme de bigarrure sera d'autant mieux
senti tout à l'heure que chaque individu va payer
de sa personne. »

Maintenant, voyons à l'œuvre cette masse d'ac-
teurs.

La multitude, le commun des martyrs, va, vient, se pousse, se fait obstacle, culbute et se relève, image saisissante de la vie pratique qu'on croirait prise au daguerréotype! Ce sont les comparses; mais remarquez les grands rôles : regardez là-bas ces patineurs qui glissent d'un pied gracieux ou hardi, qui s'élancent hors de la foule et semblent planer dans les airs. Cette élite-là, monsieur, est composée de poëtes, d'artistes, d'hommes de lettres et même de prêtres, tant le plaisir élégant que procure la chaste « ivresse des sens et le voluptueux étourdissement de la pensée (Lamartine), » a d'incroyables attraits pour tous ceux que préoccupe le cœur ou l'imagination!

Les philosophes seuls manquent à cette réunion; fidèles au vieil adage : *Dans le doute, abstiens-toi!* les philosophes ne mettent jamais le pied sur la glace : ils doutent de ne pas tomber. Les mathématiciens ont suivi cet exemple, par égard, j'imagine, pour le centre de gravité.

Disons-le à leur louange, les astronomes qui doivent à notre art l'invention[1] du télescope, ont,

1. En 1609, des écoliers, qui patinaient sur un canal de la Hollande, s'avisent d'ajuster des fragments de glace aux deux extrémités d'un tube de carton, et poussent des cris de surprise en voyant se rapprocher les objets, qu'ils regardent au travers de cette lorgnette improvisée. Le hasard a conduit sur la berge de ce canal un savant, Jacques Métius. Troublé dans ses méditations par le tumulte de l'entourage, il s'enquiert, et d'une

[...]mis un transport de gratitude, bravement essayé
[...]e patiner. Hélas! ils ont eu le sort de l'astrologue
[...]e La Fontaine : ils se *sont laissés choir !* et depuis
[...]ors *la mémoire du cœur*, chez ces savants, ce n'est
[...]plus la reconnaissance, selon la fameuse définition
[...]des sourds-muets : c'est la rancune.

[...]Nos danseurs célèbres font également défaut.
[...]ourquoi? je n'en sais rien; je gémis de leur ab-
[...]ence sans parvenir à me l'expliquer. Serait-ce
[...]crupule d'amour-propre, ou bien de légalité, *non*
[...]*bis in idem?*

[...]Comment se fait-il que des personnes qui se
[...]lent à peu près dans le monde et sur la glace,
[...]forment, non une société, mais une simple agglo-
[...]mération! et que, retenus par je ne sais quelle
[...]mauvaise honte, les patineurs n'aient jamais songé
[...]à s'associer, comme les gens de lettres et les ar-
[...]tistes?

[...]Il serait trop long d'énumérer les avantages qui
[...]résulteraient d'une pareille association au profit
[...]des progrès, du plaisir et du confort.

[...]Moyennant un léger tribut que chaque membre
[...]serait tenu de verser à la direction, on subvien-
[...]drait à tous les frais de la campagne d'hiver.

[...]On saurait toujours où se trouve la glace favo-

enfantine distraction naît la première idée du télescope, que
Galilée, Képler et Huygens perfectionnèrent plus tard.

(Note communiquée.)

rable, la *bonne* glace; les rendez-vous seraient pré
cis; on s'exercerait, on se fortifierait ensemble, on
s'occuperait de donner un nom aux figures qui
n'en ont pas, et de changer les appellations barbares sans en prendre de surannées dans la mythologie, qui nous a déjà fourni *le pas d'Apollon*, *le
saut de Zéphire* et *la pose de Mercure*[1]; enfin les paletots et les manteaux, au lieu de gésir piteusement
sur l'herbe argentée qu'ils amollissent et dont ils
pompent l'humidité, ou d'être couchés pêle-mêle
sur des tréteaux maculés, qui ne sont jamais de
bois de rose, de se mouiller, de se roidir, de se
couvrir de neige, selon la température; les vêtements d'hiver auraient un asile sûr et bien clos, où
rien n'empêcherait de trouver encore un bon feu,
un buffet, du punch ou du vin chaud, *Weins-
freuden!* comme dit le poëte.

Empruntons à nos bons voisins d'Outre-Manche
non pas une vingtaine de mots écrasants, que nous
laissons au *turf*, mais leur manière sérieuse d'envi-
sager une entreprise quelconque et leur opiniâtre

1. L'usage ayant décidément consacré ces divinités, n
conserverions l'*Apollon* et le *Mercure*, nous ferions encore l
saut de Zéphire, mais c'est tout. On sera embarrassé à l'égard d
la Vénus, figure de patin, dépourvue de toute espèce d'analog
Bien que Vénus, fille de l'Onde *humide*, n'ait rien à faire sur l
glace, son nom chéri sera vigoureusement soutenu par les vieu
patineurs qui ont lu les *Lettres à Émilie*, et qui sont partisan
de Demoustier.

rationnelle pour la conduire à bonne fin. Les Anglais ont fait du patinage un art véritable, qu'ils
méditent en été et pratiquent en hiver. Ils ont une
société *ad hoc*, constituée avec ses lois et ses statuts
tout aussi bien réglés que les autres variétés du
sport ; et ce club des patineurs a l'honneur insigne
d'être présidé par S. A. R. le prince Albert, Mécène
et coryphée dans tous les arts, comme son auguste
cousin le roi-régent Ferdinand de Portugal. Digne
et noble encouragement qui portera fruit ailleurs,
nous l'espérons.

Déjà la Serpentine de Hyde-Park est dans notre
bois de Boulogne : attendons avec confiance d'autres importations.

# CHAPITRE III.

Le patin Perault. — Glossaire du *patinage*; grâce et barbarie. — Les patins des commençants et ceux des vétérans. — Deux paires de patins dont les lames diffèrent de longueur. —On en propose une troisième paire. — *Audaces fortuna juvat*. — Manière de s'arrêter dans sa course.

Nous ne décrirons ici que le patin le plus commode et en même temps le plus simple dont nous nous soyons jamais servi.

Le patin Perault, du nom du mécanicien qui l'a inventé, est composé d'un fût de bois de noyer tourné, ou d'une semelle de fer battu, ayant la forme du pied, et monté sur trois colonnettes en cuivre qui le relient à une lame fer et acier, haute de 1 centimètre et demi environ, large de **6** milli- mètres, et plate. Cette lame est si légèrement bom- bée, que sa convexité est presque insensible à l'œil; elle suit la longueur du fût à l'extrémité du- quel elle décrit une courbe très-prononcée, ou une spirale, qui tantôt aboutit au pied, tantôt le dépasse d'un intervalle de 5 centimètres; différence de lon- gueur dont nous verrons tout à l'heure l'application.

Nous avons remarqué dans l'atelier de M. Perault, impasse des Deux-Anges, à peu près à l'angle des rues Saint-Benoît et Jacob, un genre de patins fort jolis et d'une extrême légèreté : semelle de fer battu; lame damasquinée, ciselée, évidée, se relevant en courbe à la *talonnière* aussi bien qu'au bout du patin. Cette double courbe, où le pied est emboîté, est une véritable innovation sur laquelle je ne saurais encore me prononcer, quoiqu'on m'en ait dit beaucoup de bien.

Il faut que la botte soit juste au cou-de-pied, mais commode au bout, parce que dans les changements de carre, les doigts doivent être mobiles, presser le fût et communiquer à la lame l'impulsion qu'on désire. On chausse ses patins comme des socques; la botte se fixe à la *talonnière* par une simple vis ou au moyen d'une courroie qui passe sur le cou-de-pied; vers l'extrémité du fût elle se prend dans deux griffes en fer ou en cuivre qui la retiennent solidement.

Le glossaire du patinage n'est pas bien volumineux; il se borne à quelques termes un peu hasardés, tels que *patinage*, par exemple, ou *patinement*, pour lequel je réclamerais aussi le droit de bourgeoisie.

*Talonnière* est un joli mot expressif, emprunté aux ailes de Mercure : c'est la partie du patin qui touche au talon.

La *carre* est le tranchant de la lame, l'un de ses angles. La *carre* joue un grand rôle dans notre art : on prend la *carre* à droite, à gauche, interne, externe ; on change de *carre*, on est ferme sur la *carre*, etc.

Les noms des figures sont également conventionnels, et ne sont pas heureux, à deux ou trois exceptions près. Vous en avez eu un spécimen dans le chapitre précédent : *dehors, dedans ;* on ne sort pas de là ! à moins qu'on n'y ajoute quelque épithète tout aussi harmonieuse, comme les *grands dehors successifs en avant,* etc.

Conçoit-on qu'un art gracieux n'ait que des mots baroques et des appellations barbares à sa disposition ?

Un patin se dit en allemand *Schlittschuh, soulier-traîneau ;* patiner, *schliff,* ou *schlittschuhlaufen, courir sur un soulier-traîneau.* Tout cela n'est pas très-beau non plus ; mais les Allemands se relèvent en poésie, où ils appellent le patin *cothurne d'eau, Wasser-Kothurn.*

Ceux qui débutent dans la carrière auront des patins bas, des lames larges, courtes et cannelées. La seconde année, ils prendront des patins élevés, non cannelés et n'en changeront plus. Avec ces patins bas, ils se tiendront aisément sur la glace ; ils marcheront, ils courront, et, quand ils auront acquis de la solidité, ils pourront s'essayer aux quatre pas fondamentaux que j'ai déjà recommandés. Heureux si, dans leur première campagne, ils ont obtenu tous ces résultats !

Les gens de précaution ont deux paires de patins de rechange, lesquels varient de longuenr (voir plus haut) et ont des mérites différents. L'une de ces paires, qui a des lames courtes, dont la courbe touche à l'extrémité du fût, est faite tout exprès pour patiner en *petit;* rien n'est plus commode quand le terrain manque d'étendue ou qu'il est encombré. Les autres patins sont armés d'une lame plus longue, dépassant de 5 centimètres à peu près le bout de la botte ; ils sont inappréciables sur une belle et grande glace, sur les bassins de Versailles ou au lac d'Enghien : ainsi chaussé, on fait d'immenses *dehors*, on n'en finit pas, on *coule* toujours, on ne s'arrête pas, on dévore l'espace.

Je conseillerais encore une troisièmc paire de patins pour un cas spécial.

Lorsque la glace, sous un froid de 15 degrés, est aussi dure et transparente qu'un bloc de cristal, le patin à lame plate ne *mord* pas bien dans les *dehors* allongés ; il vacille et fait quelquefois des glissades, des écarts, quand on change de pas et de *carre;* et j'ai vu les meilleurs d'entre nous éprouver (ce dont on se garde bien de convenir) un instant d'hésitation, douter de leur aplomb, raccourcir leurs figures et se jeter continuellement sur la *carre,* pour ne point manquer de solidité, jusqu'à ce que la glace, rayée, sillonnée, *faite*, leur permît de reprendre leur assurance habituelle.

Je crois que des patins à lame courte et cannelée nous épargneraient ces inconvénients. Nous proscrivons avec raison la cannelure, parce qu'elle nuit à la vélocité, mais nous pourrions bien en essayer une fois par hasard : il est permis de temps en temps d'utiliser un vice.

Nos lecteurs sont déjà prévenus que nous abandonnons le novice à sa fortune : *audaces fortuna juvat*. Il n'a pas besoin d'être remorqué, d'être traîné en lisière par les professeurs de la Glacière ; c'est tout seul, et un peu à ses dépens, qu'il doit courir en avant, marcher en arrière, s'arrêter à volonté dans ses mouvements. Toutefois, je placerai une observation sur la manière de s'arrêter.

S'arrêter à propos fut toujours une prescription morale de haute utilité et d'observance irrégulière, sinon impossible. Voyez les débutants sur une pièce d'eau qui n'est pas gelée partout, ou qui l'est inégalement : ceux qui commencent à courir s'oublient dans leur ravissement, et ne tardent pas à être emportés par le patin qui les conduit immanquablement vers l'endroit dangereux ; tout à coup, ils aperçoivent la *plaine liquide* à quelques pas devant eux, ils veulent obliquer ou s'arrêter, ce qu'ils ne savent point faire ; sentant leur impuissance, ils se mettent à crier, ils se cambrent la poitrine et exécutent avec les bras des moulinets désespérés qui accélèrent, au contraire, la course fatale : ils vont à leur destinée — de naufragés — quand on n'a pas eu le temps de les saisir au collet et de les ramener au port.

*L'arrêt* ordinaire consiste à lever les pointes de patin en l'air et à s'appuyer fortement sur les talons, en portant le haut du corps en avant; ce qui suffit quand on a des patins de pacotille qui sont munis d'une grosse vis sous la talonnière : cette vis s'incruste alors dans la glace. Avec les patins Perault, il y a quelque danger de tomber, si l'élan est rapide; d'ailleurs, on ne s'arrête pas assez vite.

Et que feriez-vous avec les élégants patins à double spirale, qui n'ont pas d'angle au talon?

J'indique le moyen suivant qui m'a toujours réussi : écartez vivement les talons en même temps que vous rapprochez l'une de l'autre les pointes de vos lames, de façon à former un triangle sur lequel vous soyez solidement placé; et, quelle que soit la vélocité de votre course, vous n'irez pas un mètre plus loin.

En arrière, c'est plus facile encore : il suffit de jeter derrière soi, en travers, le pied qui est en l'air, et de s'arc-bouter.

A présent que notre instrument est connu, il importe de le faire fonctionner.

---

# CHAPITRE IV.

Le livre de M. Garcin. — La peinture et la géométrie. — M. Horace Vernet. — L'*Art d'être heureux*, par Droz. — Classification : *Pas simples ; — passes de transition ; — pas liés ou composés ; — pas à deux ou en commun.*

Nous avons lu avec attention un livre très-consciencieux, imprimé en 1813, sous le titre suivant : *Le vrai patineur*, *ou Principes sur l'art de patiner avec grâce.* Ce livre, que nous avons trouvé par hasard en bouquinant sur les quais (triste sort !... triste présage !), a été composé par un patineur qui a laissé une grande réputation, et qui s'appelait M. Garcin.

J'ignore quel a été le succès de cet ouvrage. Je suppose que les gravures dont il est parsemé ont pu nuire au ton convaincu des préceptes; sans compter le millésime 1813 ! avec ses terribles débâcles, bien autrement émouvantes que celles de la glace.

Quoi qu'il en soit, rendons grâce à M. Garcin qui a parlé le premier (fût-ce même dans le désert) d'un art où j'ai ouï dire qu'il excellait.

Si j'étais maître *ès patinage*, et que j'eusse l'envie de faire un traité *ex professo*, en m'aveuglant sur l'ennuyeuse inanité de la démonstration, j'aurais, pour éclaircir mes principes, moins recours à la peinture qu'au dessin linéaire ou à la géométrie[1].

Tous les arts se donnent fraternellement la main, c'est connu, depuis que Cicéron l'a dit en d'autres termes; mais celle de la peinture nous semble malheureuse, toutes les fois qu'elle veut poser un patineur solidement sur ses pieds pour suivre une direction convenue. Le patineur est abandonné à son sort, et, sans l'explication écrite au-dessous de la gravure ou du tableau, on ne saurait jamais s'il se propose d'aller en avant ou en arrière, à droite ou à gauche, en dedans ou en dehors. Qu'importe au peintre, qui ne comprend pas le moins du monde l'importance qu'on attache à ces différents mouvements!

Cette difficulté de pose serait-elle insurmontable[2]? Nous nous déclarons incompétent, et nous

1. La trace du patin pourrait être marquée par deux lignes parallèles, dont l'une, plus foncée, serait celle où porte la *carre*; une forme de pied, au commencement de chaque pas, indiquerait si c'est le droit ou le gauche qui doit manœuvrer; enfin, pour surabondance de clarté, on mettrait, à côté du pied, une flèche géographique qui montrerait dans quel sens s'avance le glisseur.

2. N'y aurait-il pas moyen d'indiquer du moins la direction du

adressons la question à un artiste d'un talent supérieur, à qui les patins sont aussi familiers que le pinceau. Tout le monde comprend que nous interpellons en ce moment M. Horace Vernet, comme ailleurs nous avons fait appel à M. de Lamartine, et probablement avec le même succès.

Notre facilité d'évocation est extrême, on s'en sera aperçu ; mais notre déférence est égale, et nous n'avons parlé que de bas en haut, indirectement, comptant sur quelque écho favorable, aux deux illustrations que nous venons de nommer. Nous éprouvons d'ailleurs fort peu de honte à quémander pour un art qui est pauvre, et qui serait riche, si tous ceux qui en ont profité se montraient reconnaissants comme nous.

On connaît suffisamment notre opinion en fait de didactique appliquée au patin. Eh ! mon Dieu ! dans l'ordre moral, excepté la morale, la plupart des théories ne sont-elles pas également stériles ? Prenez, par exemple, *l'Art d'aimer*, par Bernard, et *l'Art d'être heureux*, par Droz, et dites-moi si ces deux ouvrages opposés ont jamais beaucoup servi ?

patineur, telle que je l'ai vue dans une gravure allemande de Müller. Quand le glisseur va en avant, on le remarque facilement, parce que devant lui la glace est intacte et vierge, et qu'on voit derrière lui le sillage de son patin ; c'est le contraire pour les mouvements d'arrière.

Ces idées de scepticisme que peu de personnes, à ma place, auraient la sincérité d'avouer aussi crûment, ne nous empêcheront pas d'aborder la partie technique de notre sujet, parce qu'il nous sera possible de décrire en quelques pages tout ce que le patin fait ou est capable de faire; mais non précisément comment il opère, ce qui est une question de sentiment, de tâtonnement et d'imitation qui se résout par la pratique.

En tout cas, ce travail très-sommaire serait une sorte de mémento à l'usage des amateurs.

Notre classification des figures se basera sur l'ordre qui nous a semblé le plus naturel : *Pas simples; passes de transition; pas composés ou liés; pas à deux ou en commun.*

Ce sera l'objet de deux chapitres.

# CHAPITRE V.

### Des pas simples. — Les mêmes *en grand*.

Il y a quatre pas simples, élémentaires, courbes, dont dérivent toutes les espèces de figures, connues ou inconnues, qu'il est possible de former par le moyen du patin.

Nous avons déjà nommé ces quatre pas : 1° **le dehors** et **le dedans en avant ;** 2° **le dehors** et **le dedans en arrière.**

Nous croyons devoir ajouter une cinquième figure, **la ligne droite,** que nous appellerons ainsi par euphémisme.

**Le dehors en avant.** — (En général, nous partirons du pied droit pour éviter les redites et les confusions.) S'élancer du pied droit, tenir l'autre en arrière élevé de quelques centimètres, s'appuyer sur la *carre* externe et décrire à sa droite un demi-cercle, c'est faire un *dehors en avant.* Si le cercle est complet, on dit que le *dehors* est *fermé.*

Prenez bien garde que le pied tenu en l'air ne touche à la glace et ne la racle ; défaut qu'on conracte d'abord pour rétablir son équilibre, et qu'on finit par conserver.

**Le dedans en avant.** — Le pied droit fait son demi-cercle à gauche, glissant sur la *carre* interne, opposée à celle qu'il a prise pour le *dehors*.

La *carre* est proportionnelle à la courbe. L'élève doit tâtonner; il s'apercevra promptement que plus il se penchera sur l'angle du patin, sur sa *carre*, plus il rétrécira son cercle.

J'ai bien tâché d'être clair : avez-vous compris ? Pas trop, n'est-ce pas ? Que voulez-vous, c'est le propre des définitions : elles obscurcissent en général. Mais poursuivons.

**Les dehors et les dedans en arrière.** — Mêmes explications que pour les homonymes *en avant*. Le mouvement rétrograde étonne et effraye d'abord ; il est plus qu'*en avant* facilité et gouverné par les inflexions du corps, du pied suspendu en l'air, et de la tête, qui toujours doit se tourner vers le but. Cet ensemble d'inflexions se sent sur le terrain, et ne se démontre pas avec la plume au coin du feu.

Il est bien des personnes qui ne parviennent point à patiner *en arrière*; elles manquent d'audace, de confiance en elles, de dispositions naturelles. Vous avez dû observer leurs essais malencontreux : les bras font le moulinet, le corps est tout courbé ; on croirait que l'homme veut marcher à quatre pattes, qu'il cherche à prendre la position d'Henri IV,

surpris par l'ambassadeur d'Espagne, lorsque le
petit Dauphin est à califourchon sur son dos ; le
train de derrière prédomine, se tortille convulsivement, et l'on n'avance pas, on se consume en
efforts à la même place. Vous savez que le dénoû-
ment de cette bouffonnerie est toujours une chute.

**La ligne droite.** — Quand le patin, s'appuyant
également sur toute la longueur de la lame, ne décrit point de courbe et pousse droit devant lui, on
dit qu'il fait une *ligne droite.* Il y a deux écueils à
éviter, ce sont les *carres* auxquelles on est habitué ;
involontairement on va de l'une à l'autre, on oscille ;
on serpente légèrement, et je n'ai jamais vu que la
*ligne droite*, sur la glace, méritât la définition géo-
métrique.

Je ne me rétracte pas : perfectionnez ces cinq
figures, et vous savez patiner. Allongez ces pas-là,
agrandissez vos cercles, lancez-vous avec vigueur,
le buste légèrement cambré, la poitrine ouverte, la
tête droite, les yeux dirigés vers le but, et vous aurez les *grands* coups de patin si justement vantés,
tels que :

**Le grand dehors fermé.** — Cercle en avant d'autant plus beau qu'il est plus étendu. Sa régularité

l'attitude du patineur en font le principal mé-
te; observation que je ne renouvellerai plus, car
elle est commune à tous les pas dont je parlerai.
Pour s'habituer à la régularité, il est bon de se poser des jalons sur la glace : nous mettions autrefois
nos gants de distance en distance.

**La renommée.** — C'est un immense *dedans en
avant* et *fermé*; un magnifique coup de patin qui
exige du jarret, de la hardiesse, du coup d'œil. La
pose est fixée à cause du nom même de la figure :
bras droit élevé, la main étendue, ou ne montrant
qu'un doigt ; l'autre main tombante ou appuyée sur
la hanche.

En 1840, sur un bassin de la Glacière, un patineur de nos amis a exécuté une *renommée* dont nous
avons mesuré le cercle. Le diamètre portait quatre-
vingts pas : ainsi deux cent quarante pas !

Quelques personnes prétendent que c'est le *grand
dehors fermé* qui constitue la *renommée*.

Il faut s'attendre à mille contradictions, tant que
nous n'aurons pas un comité qui s'occupe de notre
art et en fixe le vocabulaire, qui imitera l'Académie,
mais travaillera plus vite.

**La volute.** — *Dehors* à toute vitesse, dont les anneaux se rétrécissent insensiblement et se terminent
par une pirouette, si l'on veut. Ce pas est très-
amusant quand il est fait par plusieurs patineurs à
la fois; on le nomme alors *volée de pigeons*.

**Le grand cercle en arrière.** — *Dehors fermé.* — Audace comme dans tous les mouvements vifs en arrière ; attitude presque théâtrale, la position du corps s'y prête naturellement ; grandeur et perfection du cercle. Ces conditions remplies, cette figure est l'idéal du patin.

On ne fait que comparer le patineur à l'oiseau ; ici le premier a l'avantage : l'oiseau ne vole pas à rebours.

**Le dedans en arrière.** — Ce pas semble plus difficile que le précédent, parce qu'il est peu usité. On lui reproche d'être roide, de coûter des efforts. Ces défauts disparaîtraient peut-être si on le négligeait moins. Isolé, on s'en sert bien rarement ; mais il entre avec avantage dans une *figure composée.*

**Le coup droit.** — Il s'agit de suivre une ligne droite d'un seul pied, et ce n'est pas très-facile. Il faut se roidir sur la jambe droite qui glisse, s'effacer, incliner faiblement la tête en arrière, tendre le bras à la façon d'un maître d'escrime qui va se fendre à fond, n'appuyer sur aucune *carre*, et regarder devant soi un objet quelconque, qui devient point de mire et empêche de faire des zigzags. Ordinairement, deux patineurs s'élancent l'un contre l'autre, se visant réciproquement.

On peut aussi faire ce pas, l'un *en arrière* et l'autre *en avant*, celui-ci poursuivant le premier.

Le *coup droit* s'exécute encore de la façon suivante; au lieu de s'effacer, on part carrément, le buste un peu en avant, les bras mi-ployés et les muscles tendus; pose de boxeur.

**Le chassé en avant** (des deux pieds) consiste, en suivant la ligne droite, à rejeter toujours le pied sur lequel on va s'appuyer, en arrière de celui qui porte. Le *chassé en arrière*, idem. Du reste, ces deux pas, que j'ai mis ici après le *coup droit* à cause de leur direction identique, seraient plus logiquement placés dans les *figures liées*.

J'espère que vous n'avez pas oublié le pied gauche dans tous ces exercices. Ce pied ne demande qu'à se cacher, et il est un peu rebelle; assouplissez-le, domptez-le, et le forcez au même service que le pied droit. Autrement, on dirait de vous, dans le langage pittoresque du cru :

« Oui, ce n'est pas mal; mais ce monsieur n'a qu'*une jambe.* »

Vous passeriez pour une jambe de bois.

Eh bien! vous ai-je trompé? Vous possédez déjà une série de figures qui suffirait à défrayer vos plaisirs d'hiver; et remarquez que ces figures-là sont tout bonnement vos *pas élémentaires* eux-mêmes, qui, grâce à vos soins, n'ont fait que croître et embellir. Ce n'est pas assez. Vos pas, tout beaux qu'ils sont, ne doivent point rester dans l'isolement; il faut les mêler, les lier, les combiner.

Tantôt les figures s'enchaînent l'une à l'autre directement, par un simple changement de carre, tantôt elles ont besoin d'un moyen intermédiaire. Or ce moyen, ce mouvement qui fait l'office d'un trait d'union entre deux mots, je le nommerai, en attendant mieux, *passe de transition*.

Nous comptons quatre *passes de transition* : la *révérence*, la *volte*[1], la *pirouette* et le *saut*. Les deux dernières passes sont assez rarement employées. Vous verrez que, outre ce rôle secondaire, la *révérence* et la *pirouette* figurent pour leur propre compte en qualité de *pas*.

Toutes ces transitions nous conduisent aux *pas composés*.

1. Nous préférons *volte* au mot *crochet* dont se servent quelques personnes. *Volte* est plus harmonieux et plus juste.

# CHAPITRE VI.



Voici une liste de *figures* (ou *pas*) *composées* que je mets à votre disposition. Je décrirai ces *pas* ou les désignerai simplement, tels qu'ils me viendront sous la main, sans m'assujettir à l'ordre alphabétique.

**La révérence** (*pas composé* qui se fait avec les deux pieds). Son nom est caractéristique. Elle est *directe* quand elle suit à peu près la ligne droite (le vieux Walker ne faisait que ce *pas*-là, mais il y excellait); *en dedans* ou *ordinaire*, si les deux pieds sur la *carre* du *dedans* décrivent ou un cercle ou un demi-cercle; *en dehors* ou *renversée*, lorsque les deux patins prennent la *carre* du *dehors* (ce dernier *pas* nécessite une certaine conformation : peu de patineurs y réussissent).

**En dedans**, ou telle qu'elle se pratique ordinairement, la *révérence* est une *passe de transition* gentille, coquette, que j'engage à étudier; c'est aussi un *pas* qui a son agrément quand il forme un cercle complet.

**Le manége.**—En province, on ne sait guère que courir et faire le *manége en avant* et *en arrière*. C'est, en effet, un pas de course, utile pour jouer aux barres, bon pour tourner un obstacle ; mais je ne le vanterai jamais comme artistique. Le meilleur parti qu'on puisse en tirer, c'est de le faire à deux, l'un patinant en avant, et l'autre en arrière.

**Le saut de Zéphire.** — Vous faites un *dehors en avant*, du pied gauche ; vous sautez en tournant, et votre pied droit continue, en arrière, le cercle commencé.

Ce pas est agile, il surprend, et c'est pourquoi il ne faut pas en abuser. Il est bien que le pied droit, en retombant, se pose exactement sur le sillon courbe que le gauche vient de tracer.

**Le pas d'Apollon.** — Très-joli pas en arrière, quand il est exécuté en *grand*.

Il n'exige pas qu'on soit beau, selon son titre, mais très-gracieux : aussi, vise-t-il souvent à la prétention. Les pieds glissent l'un derrière l'autre, de droite à gauche ; le balancement est celui du pendule de l'horloge ; la tête marque la mesure, les bras s'arrondissent et accompagnent chaque oscillation.

J'étais un novice fort occupé de mes pas élémentaires, quand je vis pour la première fois un peintre, M. V..., patineur renommé, exécuter cette charmante figure, mais avec une grâce, avec un enthousiasme, un *brio* que je n'ai jamais eu depuis l'occasion de rencontrer.

Je fus émerveillé, et, comme je n'y comprenais rien, je me permis quelques questions. Malheureusement, notre Apollon était sourd comme une cloche, il avait oublié son cornet acoustique, et je n'avais pas de porte-voix. Je me tus, mais je regardai, quand il eut l'obligeance de recommencer son délicieux coup de patin; je regardai attentivement, je vous assure : j'obtins ainsi la meilleure des explications, la seule possible, celle que je prêche à mes lecteurs.

**Le dehors croisé en arrière** a une assez grande ressemblance avec le précédent; mais il ne se fait qu'en *petit;* ensuite, c'est un *dehors* et non une glissade; un *dehors* qui trace presque le cercle et dont la reprise n'est pas facile. Les patins à longue lame seraient gênants et même dangereux.

**Le balancé graylois.**—Partir vivement en arrière des deux pieds, commencer un *dehors* de la jambe gauche, croiser rapidement de la droite, faire le *dedans* par conséquent, et se laisser *couler* jusqu'à ce que le pied prenne la *carre* du *dehors :* même mouvement pour l'autre jambe. Souplesse de reins, balancement très-prononcé.

Ce pas gracieux et périlleux à la fois, qui imite le tangage d'un bâtiment sous voiles, doit son origine à un fort élégant patineur qui refuse, par modestie,

d'en être le parrain, et me donne carte blanche pour
le nom. Jadis M. D... n'a eu que moi d'imitateur :
aussi me disait-il en riant que je lui avais volé son
pas. Je suis heureux de restituer mon larcin en
l'avouant.

**Le gouvernail.** — Encore un *balancé en arrière*,
qui se fait des deux pieds à la fois, placés l'un devant l'autre sur une même ligne. Plus il parcourt
d'espace, plus il dure, mieux il vaut.

**Les dehors successifs ou continus en avant.** —
J'ai déjà expliqué les *dehors* isolés. Quand ils se suc-
cèdent, le pied change vivement de *carre* au bout de
son demi-cercle ; il se pose sur la *carre* interne, sur
le *dedans*, tandis que vous ramenez l'autre pied par
devant pour recommencer la figure. C'est pourquoi
je prétends que c'est un *pas composé*.

Le pied qui est tenu en l'air par derrière fait-il
un rond-de-jambe pendant que l'autre glisse, c'est
un *dehors à l'anglaise*, ou *à la papa*. Ne se dé-
range-t-il de sa pose qu'au bout de la courbe,
pour glisser lui-même à son tour, c'est un *dehors
à la française*, que nous croyons plus élégant et
plus sûr.

**Les dehors croisés.** — Corps penché. Beaucoup
de *carre* et d'abandon. Trois quarts de cercle.

**Les dedans successifs.** — Sa figure achevée avec
la *carre* interne, le pied se pose sur le *dehors*, attendant que l'autre reprenne. Ce pas est assez difficile

par lui-même, l'attitude l'est encore davantage. Qu'on ne se rebute pas, et l'on sera récompensé de ses efforts! car le *dedans en avant* renferme au moins autant de grâce et plus de moelleux que le *dehors*. Mais ce qui est fort agréable, quand on a de l'espace, c'est de mêler et de lier capricieusement les *dedans* et les *dehors*.

**Les dehors successifs en arrière.** — Je ne puis que répéter mes observations *sur le dehors en avant*. Faites bien attention au pied qui glisse, et qui doit se jeter brusquement sur la *carre* opposée dès qu'il a terminé sa courbe. Autrement, vous n'avanceriez pas.

**Les dedans successifs en arrière** sont négligés par les raisons que nous avons déjà déduites : la jambe de derrière fait assez gauchement équilibre. Un *dedans* va bien à la suite d'un *dehors*, il finit le *huit* (8), etc.

**Les trois (3) successifs.**—Dehors en avant, volte et dedans en arrière. Un coin de glace suffit à ce pas, qui, du reste, n'est pas très-difficile.

Les habitués de la Glacière se rappelleront peut-être un vieux médecin qu'on appelait le *médecin aux trois*. Depuis vingt ans, ce médecin essayait cette terrible figure; au bout de dix ans, il était parvenu à volter, mais le *dedans* qui lui restait à faire le tenait en échec. Il fallait le voir s'écarter de nous et s'acharner après son *trois :* il ne manquait jamais de culbuter après la *volte*, et recommençait avec une nouvelle énergie.

Cette rare constance aura sans doute été couronnée de succès ; elle ne l'était pas alors et n'avait valu qu'un sobriquet au pauvre médecin.

**Autres trois (3) continus.** — *Dedans* en *avant*, *volte*, *dehors* en *arrière*. Ces *trois*-ci ne sont pas très-aisés : ils eussent fort embarrassé le médecin aux autres. Si l'on ajoute à ce 3 un changement de carre et un *dedans* en arrière, on obtient une figure que j'ai entendu quelquefois nommer *Vénus*. Mais parce que la difficulté de ce coup de patin est réelle et sa grâce problématique, est-ce une raison de l'appeler Vénus ?

**Manœuvre en arrière.** — (*Pas composé* des deux pieds). Amas de cercles microscopiques dans tous les sens, sur deux ou trois mètres carrés. On se penche tellement sur la carre, que souvent le bois du patin frotte la glace. Bon exercice préparatoire pour assouplir, pour *faire* les pieds.

**Le grand huit** (8) est un pas de vigueur qui s'exécute avec élan, et d'un seul pied. C'est un *dehors fermé*, un changement de carre et un *dedans fermé* ; ou l'inverse, un *dedans fermé*, et avec changement de carre un cercle en *dehors*. La difficulté consiste à *fermer* et à rendre égaux les deux anneaux, les deux boucles du 8 : l'élan fait défaut, le patin, attardé par la carre, arrive rarement jusqu'au bout.

e manque d'essor se révèle surtout quand on veut dessiner cette figure *en arrière*, où la puissance d'exécution ne répond que faiblement à la bonne volonté du patineur.

Il y a bien des manières de faire le 8, outre celle-là qui est la plus élégante et la plus énergique. Nous en avons compté plus d'une vingtaine dans une soirée que nous avions consacrée au patin, M. Roulleaux du Gage et moi. M. du Gage est un sportman de toutes pièces, écuyer, chasseur et patineur, médecin par contenance et écrivain par occasion (témoin son traité sur le whist), qui mène une vie de grand seigneur et reçoit admirablement ses amis. Quand on n'est pas sur la glace, quand on ne se sent pas sur des patins et qu'il s'agit de pas composés, il faut des efforts de mémoire plus grands qu'on ne pense pour se rappeler les angles, les courbes, la position du corps, qui déterminent les mouvements. Aussi nos expériences faites sur le parquet ciré d'un salon durent-elles être recommencées plus d'une fois. Oh! que nous admirâmes ce soir-là la puissance mnémonique du grand Labourdonnais qui voyait, les yeux fermés, toutes les cases de deux échiquiers et gagnait à la fois les deux parties! C'est peut-être une scène très-bouffonne que nous avons jouée pour nous, M. du Gage et moi, en nous escrimant sur des planches avec nos bottes vernies, qui représentaient des patins, mais nous avons établi une série de *huit* (8) qu'aucun patineur, j'ose l'avouer, n'a parcourue tout entière. Deux *dehors successifs en avant* et *fermés ;* deux *dans*, id. ; deux *dehors successifs en arrière, fermés ;* deux *dedans*, id. ; les deux pieds sur une même ligne, passant alternativement en avant au croisement du 8 ; le 8 s'obtient aussi par le *gouvernail :* le mouvement est le même que dans le précédent, mais les pieds restent dans leur position première, ils ne passent pas l'un devant l'autre à l'entre-croisement ; *dehors en avant fermé*, volte, se reporter vivement sur la carre externe, et *fermer* le *dehors en arrière; dedans en avant fermé*, volte et cercle sur le *dedans en arrière; dehors en avant*, volte et *dedans en arrière; dedans en avant*, volte et *dehors en arrière;* deux *révérences ordinaires*, alternatives, en deux élans; deux *révérences*, d'un seul élan : l'une ordinaire, et l'autre *renversée*, — et *vice versâ*, — pas faisable, mais très-difficile (bien que j'aie vu des patineurs de second ou de troisième ordre décrire un cercle par la *révérence renversée*); une *révérence ordinaire* et un *dehors fermé en avant ;* ou l'inverse; un *dedans* et une *révérence renversée ;* un *dehors en avant* de la jambe droite, et un *dehors en arrière* de la gauche, etc., etc.

Toutes les figures du patin qui sont courbes vissent au 8, aboutissent au 8.

La valse, encore une espèce de 8. Un *dehors en avant*, d'une jambe ; deux pirouettes sur les deux pieds, et *dehors en arrière*, d'un pied ou des deux ; recommencer sur l'autre jambe.

**Le grand cercle avec tous les changements de pieds.** — *Dehors en avant* du pied droit ; *dedans* du gauche ; sauter ou volter pour arriver au *dedans en arrière* de la jambe droite ; prendre le *dehors en arrière* de la gauche, et terminer le cercle par un *dehors en avant* du pied droit. Donnez une longueur égale à chacun de ces différents pas.

Je recommande cette figure comme un excellent exercice, qui résume toutes les difficultés.

Maintenant que vous voilà bien approvisionné, cherchez un compagnon avec qui vous partagerez vos richesses et vos plaisirs, et dont les pas se marieront aux vôtres. C'est encore un apprentissage qui vous reste à faire.

Il est possible que vous rencontriez un ou deux patineurs qui tiennent à s'isoler, qui sont rogues, cassants, s'admirent énormément, veulent briller tout seuls et n'admettent jamais personne dans leur gloire. Évitez-les. Ils sont forts, je n'en doute pas ;

leurs tout petits coups de patin sont nets, correc
bien détachés ; à force de pratiquer, ils ont acqu
une extrême habileté mécanique ; mais j'imagi
qu'ils ne perdraient aucune de leurs qualités s'ils
joignaient la modestie et l'affabilité. Admirez-les
ne les imitez pas : c'est ce que Voltaire disait d
Charles XII. Adressez-vous ailleurs ; vous trouvere
aisément autour de vous bienveillance et talent.

**La promenade** (pas à deux). — On fait des *dehor*
*en avant*, on parcourt la glace en se donnant le bra

**Les olivettes — ordinaires** ou **dos à dos**. — *De*
*hors en avant* exécutés par deux patineurs qui croi
sent leurs demi-cercles. Dans les *olivettes dos à do*
on ne croise pas les *dehors*, on les fait parallèlemen
en avançant, de façon qu'au bout de chaque coup
de patin , les deux patineurs se rencontrent face à
face, côte à côte, et repartent dos à dos.

On peut patiner très-bien seul, et ne point savoir
s'accorder avec le *jeu*, le *patinement* du voisin qu'on
voit pour la première fois. C'est donc une habitude
de communauté qu'il faut prendre. Dans le temps,
nos *olivettes en grand* avaient atteint une précision,
une uniformité vraiment remarquables par le moyen
suivant : feu M. Dubasty, notre chef de file, comp-
tait tout haut, au commencement de chaque *dehors*,
en élevant alternativement ses doigts en l'air, « un....
deux.... trois.... quatre.... cinq.... six » — environ
l'espace de dix secondes. — Au mot *six*, le *dehors*

...it fini. On en reprenait un autre sur la même
...esure.

**Le dehors-dedans.** — Cette figure se fait d'un
...ul élan, d'un seul et même pied. Première condi-
...on : la glace doit être belle, spacieuse et sûre. En-
...ite, les patineurs se sont exercés préalablement
...semble : ils se connaissent et comptent l'un sur
...utre. Des gants formant jalons ont été dissémi-
...s sur la glace pour indiquer la grandeur des cer-
...s ou des courbes et les points d'intersection. Ou
...figure se prolongera au loin, jusqu'à ce que le
...tin ait perdu tout élan, ou elle reviendra sur elle-
...ême au point de départ, après avoir décrit une
...rte de huit (8).

...Nous nous étendons sur cette figure, parce qu'au-
...efois elle était l'objet de notre prédilection, et que
...st elle qui déploie au degré le plus élevé la vi-
...eur, l'aplomb, la grâce, le coup d'œil, la vitesse
...e comporte l'art de patiner. Nous nous associons
...e grand cœur à l'admiration que M. Garcin pro-
...sse pour le *dehors-dedans*. Que de fois ne l'avons-
...ous pas fait à six, ce pas vraiment enivrant, sur
...ne glace vierge des bassins de Gentilly ou de Ver-
...ailles !

...Deux patineurs se placent sur une même ligne, à
...cent, cent cinquante pas de distance. A un signal
...donné, chacun part à fond de train, regardant l'ad-
...versaire. Quand après quelques pas de cette course

furieuse on s'est procuré le plus d'élan possible, on
se pose sur le pied droit [1] dans l'attitude du dehors,
appuyant à peine sur la *carre*. Le mouvement doit être
simultané, extrêmement précis des deux côtés. Les
deux adversaires se rencontrent au milieu du bassin, près du premier jalon ; il faut qu'ils se croisent
presque à se toucher : le beau est de se raser. C'est
alors qu'ils doivent passer au *dedans*, sans secousse
brusque qui arrête l'essor du patin ou les expose à
une chute assez dangereuse. Déjà chacun s'est pré-
paré à cet instant critique ; le pied droit s'est porté
légèrement sur la *carre* interne, le gauche a servi
de gouvernail, le buste a pris graduellement la
pose du *dedans*.

On décrit le *dedans* ; au second jalon on se croise
encore pour reprendre le *dehors*, ainsi de suite ;
seulement on rapetisse le cercle en proportion de la
force qui s'échappe, et on finit par se rejoindre
avant que le patin ait perdu son reste d'élan ; puis
chacun dessine sa petite pirouette, et le tour est fait.

**La pirouette.** — Mi-passe et mi-figure, la pirouette est cultivée dans nos provinces et à l'étranger ; elle convient à un esprit jovial. Elle est presque
absolument délaissée à Paris, où on la regarde
comme un tour de force, comme une gentillesse

---

1. L'un sur le pied droit et l'autre sur le pied gauche, c'est
entendu ; mais j'ai déjà dit que je prendrais le pied droit pour
modèle.

clown. Certes, je ne me déclare pas le cham-
pion de la pirouette où qu'on la place, hormis sur
théâtre, dans la jambe d'une femme, de Taglioni,
de Cerito, de Maria ou de la brune Manoëla de Ca-
mix; mais je crois qu'elle termine agréablement un
coup de patin, pourvu qu'elle ne soit pas multiple,
qu'elle n'entraîne pas le patineur et le force à montrer son dos, quand c'était la face qu'il aurait dû
nous présenter.

Qui de nous ne se rappelle avec plaisir ce petit
vieillard en veste rouge, vif, alerte, propret, qui
venait, dans l'après-midi, se mêler à nos exercices? M. Delangle *brûlait* la glace; c'était quelque
chose d'éblouissant. Il terminait chacun de ses *dehors suivis en avant* ou *en arrière* par une double
pirouette du meilleur effet. Cercle et pirouette, tout
était léger, correct, coquet, parfait : il est impossible de mieux réussir un *dehors.*

J'ignore si M. Delangle patine encore, car il était
déjà avancé en âge quand nous l'avons connu, il y
a une douzaine d'années : il avait vu patiner le fameux chevalier de Saint-Georges! M. Delangle avait
une bienveillance charmante, dont chacun de nous
a pu prendre sa part; il ne cherchait qu'à louer et
à encourager : c'était un vrai cœur d'artiste.

Nous avons eu l'occasion de faire une visite ma-
tinale à M. Delangle, qui occupait alors un assez
vaste appartement dans les combles d'un vieil hôtel

aristocratique, situé à la pointe orientale de [...]
Saint-Louis.

M. Delangle vit seul et jouit d'une honnête [...]
sance; mais ses idées sur l'égalité sont telles, qu[...]
rougirait d'être servi par aucune créature humaine[...]
il supplée les domestiques par toutes sortes d'en[...]
gins de son invention. Vous sonnez : un guichet s[...]
tire, le visiteur est annoncé par des moyens ca[...]
chés; puis une main invisible ouvre la porte et l[...]
referme hermétiquement derrière vous, vous éte[...]
sous clef, et il vous vient à l'idée l'histoire d'*Aly*[...]
*Baba et des quarante voleurs* : vous vous remémore[...]
la porte magique appelée Sésame, à ce que je crois[...]
dans *les Mille et une Nuits*.

Le maître de céans, des combles de l'hôtel, es[...]
dans la seconde chambre, d'où il vous souhaite l[...]
bienvenue. Prenez des précautions pour avancer. Tou[...]
est mécanique chez lui : on se croirait à l'Annexe[...]
de l'Exposition de l'Industrie, du côté des machines[...]
Les fauteuils sont à roulettes comme ailleurs; mai[...]
ils ne bougent que par ordre, et alors ils semblen[...]
suivre un railway inaperçu : ce sont des wagons.

On n'a que des surprises dans cette maison; on
éprouve une certaine inquiétude.

M. Delangle nous demanda la permission de dé[...]
jeuner : c'était son heure. Aussitôt, sans se déran[...]
ger, il pousse un ressort; la fenêtre s'ouvre, une[...]
sorte de panier part d'une encognure, s'accroche [...]

me poulie, descend sur le quai et remonte chargé d'une boîte à lait et d'un petit pain : tel est le déjeuner de cet anachorète.

Je voulais pénétrer seul dans le cabinet du fond qui lui sert de bibliothèque.

« N'allez pas là, s'écria-t-il, il y a du danger. »

Et il me fit voir une manière de chausse-trape, et, plus loin, une grille à la Fichet propre à mettre en cage ce qui resterait du prisonnier.

Ses auteurs favoris sont, étrange association ! Rabelais, Malebranche et Voltaire. J'aurais pu commencer par Malebranche qu'il estime infiniment, d'accord en cela avec les docteurs des universités allemandes, qui ne reconnaissent aux Français que deux philosophes, Descartes et Malebranche, n'en déplaise à M. Cousin, si par hasard cet académicien avait encore un peu de souci pour son titre de philosophe, depuis qu'il fréquente les femmes célèbres du xviiᵉ siècle.

« Savez-vous les beaux vers qu'a faits mon oratorien ? me dit M. Delangle.

— Non, j'ignorais que l'auteur de la *Recherche de la vérité* fût poëte.

— Eh bien ! les voici ; ce n'est qu'un distique, inédit, qui n'a pas été recueilli dans les œuvres complètes de Malebranche, » et il déclama en goguenardant :

Il fait donc aujourd'hui le plus beau temps du monde
Pour aller à cheval sur la terre et sur l'onde !

Ce *cheval sur l'onde* est le dada du malin vieillard ; quand il l'a enfourché, il est rare qu'il ne remonte pas jusqu'à Cicéron, dont il vous cite alors ce vers malencontreux :

O fortunatam natam, me consule Romam!

que le père Tarteron a traduit si élégamment :

O Rome fortunée !
Sous mon consulat née !

M. Delangle aime à montrer le côté vulnérable des grands hommes.

Il est voltairien, un peu incrédule, nonobstant son oratorien, et très-misanthrope à la surface, car au fond c'est le meilleur des hommes, et les pauvres de son quartier le savent bien. Notre habitant de l'île Saint-Louis reste chez lui dans l'isolement ; il sort pour ses aumônes, et il va quelquefois dans le voisinage, à la bibliothèque de l'Arsenal, où il causait avec Charles Nodier ; il ne se permet des distractions qu'en hiver. Ses occupations, ce sont ses livres et ses machines ; et comme le luxe progresse, il s'est aussi créé de nouveaux besoins : il a augmenté le nombre de ses domestiques, en multipliant ses engins autour de lui.

On affirme que M. Delangle a eu, dans sa jeunesse, une grande passion ou un grand chagrin — ce qui est synonyme — quand il était petit page de Louis XVI, du temps du chevalier de Saint-Georges,

dont il nous a souvent raconté la manière de patiner.

Rien ne nous garantit l'authenticité de cette explication romanesque qu'on donne à la vie recluse
de M. Delangle : on est communément tenté de
placer un cloître au bout d'une grande passion.
Celle qui anime M. Delangle, et de celle-ci je vous
réponds, c'est un des plus beaux produits de la
mécanique, c'est le patin, dont la paternité inconnue pourrait réclamer celle du petit vieillard à
veste rouge ; peut-être même n'en connut-il jamais
d'autre, comme son contemporain M. Billiaut. Il a
fabriqué lui-même ses engins de glace ; il a forgé la
lame ; il a sculpté le bois ; il y a adapté une chaus-
sure particulière ; ensuite, pour protéger ses cothurnes, il a inventé des socques très-élevés, assez
difficiles à manœuvrer, mais qui lui offrent l'avantage d'un exercice préparatoire et lui donnent un
avant-goût de celui qu'il va prendre. Ainsi équipé,
et un manteau sur sa veste rouge, il arrivait nous
surprendre à la Glacière, où nous faisions cercle
autour de lui, admirant la légèreté de cet ancien
page du roi Louis XVI.

La rosace. — C'est l'an dernier que j'ai vu décrire cette figure, dont je ne me doutais pas, par
deux patineurs belges, avec une aisance, une désinvolture qui nous ont infiniment plu. Il faut, certes,
un grand travail, un bien long exercice pour arriver

à ce résultat. Ce pas est composé d'un certain nombre de cercles petits et extrêmement réguliers. Si je ne me trompe, on procède ainsi : *Dehors en avant* du pied droit et le *fermer;* en faire autant du gauche, c'est-à-dire former un 8 (toujours le 8 !), dont l'un des anneaux, je suppose, regardera le nord et l'autre le midi. Le cercle du midi achevé, votre patin est revenu au premier point de départ, qui, placé entre les deux boucles ou anneaux, sera le pivot de tous les mouvements subséquents. Vous refaites un **8**, du levant au couchant, etc. ; puis aux points intermédiaires. Et comme vos cercles sont régulièrement enchevêtrés, vous avez une rosace.

On obtient le même effet avec la figure que nous nommons *le trois* (le 3). Du point de départ, du point central, on se donne l'élan par un *dehors en avant*, qu'on ne fait qu'ébaucher, on volte immédiatement pour passer au *dedans en arrière*, qu'on *ferme* entièrement. Cette seconde manière est plus élégante ; d'ailleurs, elle varie la forme. Ces patineurs belges figuraient à la fois la même rosace, tous deux traçant en même temps les anneaux du 8, ce qui abrégeait la besogne ; leur précision était toute militaire, leur ensemble parfait, leur tenue naturelle, sauf la jambe *de derrière*, dont la pose nous a paru forcée. Ces deux artistes se nomment **MM.** O'Connell et Stevins : en qualité d'étrangers, ils me permettront de citer leurs noms. Leurs patins, fabriqués par M. O'Connell lui-même, sont de frêne, à plusieurs courroies; la lame, d'acier fin, est extrêmement bombée, ce qui m'explique la précision de leurs cercles raccourcis.

**Autre pas à deux.** — Celui-ci n'a point de nom, et bien d'autres sont dans le même cas, impossibles à désigner par conséquent. Je doute même de bien faire comprendre celui dont il est question.

Deux patineurs se proposent d'exécuter, l'un un *dehors en arrière*, et l'autre un *dehors* ou un *dedans en avant,* tous deux se donnant la main, *et vice versá.* Je prendrai des numéros pour plus de clarté. Le numéro 1 est celui qui ira en arrière le premier, le numéro 2 le poursuivra.

Le numéro 1 prend son élan le plus qu'il peut, volte et fait le *dehors en arrière* de la jambe droite. Le numéro 2 le suit en modérant son élan, parce qu'on va plus vite *en avant;* il fait le *dehors en avant* du pied gauche, rattrape le numéro 1 et lui donne la main; dans cette position, ils décrivent ensemble les trois quarts d'un cercle. Tout à coup, le numéro 2 passe devant lestement, quitte la main qu'il tient, et se jette à son tour sur le *dehors en arrière;* il est poursuivi par le numéro 1, qui a pris le *dehors en avant :* ils ont changé de rôle. Ce pas peut se continuer assez longtemps, autant que le permet la glace. Puis on se sépare, et l'on se rejoint par un *dehors* final.

Tels sont les pas que ma mémoire me fournit. Il importe fort peu que j'en aie oublié. Chacun peut en inventer et ajouter à cette nomenclature incomplète. Vous-même, cher lecteur, si vous exécutez les figures qui précèdent, vous êtes en état de composer, vous êtes initié. Livrez-vous à votre inspiration, c'est ce dont je vous prie, c'est à quoi j'ai essayé de vous amener.

# CHAPITRE VII.

Les bras et les mains. — La plastique et le grotesque. — La foule
et les connaisseurs. — Le musée de sculpture ; les tableaux
vivants. — La grâce.

Que font les bras et les mains dans tous ces
mouvements ? C'est à peine si nous en avons parlé
dans nos *figures ;* nous ne nous sommes occupé
que des pieds, et encore !...

Les bras sont ballants, collés au corps, croisés
sur la poitrine, derrière le dos, ouverts et élevés ;
ils s'arrondissent et font le balancier, comme dans
le *pas d'Apollon ;* ils se roidissent en arrière, les
poings fermés, pour imiter le *lutteur ;* ils se bais-
sent, ils se lèvent ; la main s'ouvre, s'entr'ouvre, se
ferme ; les doigts se serrent ou s'espacent : c'est à
l'infini.

On arriverait, avec de la patience, à dénombrer
une certaine quantité de gestes ; mais indiquer les
nuances et les applications est chose impossible :
c'est une science de tact, d'intuition. Imitez, vous
dirai-je toujours, imitez tel ou tel patineur dont les
connaisseurs admirent les poses plastiques ; prenez

garde au grotesque, aux gestes violents ou affectés, qui souvent séduisent la foule : il vaut mieux tenir vos bras tranquilles, naturellement, le long du corps, que de les agiter d'une manière ridicule.

Nous avons connu de fervents adeptes, des enthousiastes, des fanatiques qui allaient s'inspirer aux galeries de sculpture; ils notaient certaines attitudes de statue propres au patin, dans le genre du *Lutteur*, du *Spartacus*, etc., et ils les reproduisaient en temps et lieu; ils faisaient sur la glace des tableaux vivants.

Que voulez-vous que je vous dise? L'élégance ne se démontre pas, la grâce ne s'enseigne pas. Et cependant c'est une condition indispensable. Vous avez beau être fort, exécuter en jouant les coups de patin les plus compliqués, si votre attitude est mauvaise, si vous êtes mal *posé*, il vous manquera cette suprême qualité de grâce et de distinction qui fait le patineur accompli.

# CHAPITRE VIII.

Si l'on peut écrire son nom; dessiner une rose, une pensée, etc.,
d'un seul coup de patin. — L'invalide à la tête de bois.

Chaque ville de province, pourvue de cours d'eau, de lac, d'étang ou de mare, possède toujours son fameux patineur qui prime tous les autres, qui est incomparable, qui écrit son nom, qui dessine galamment une rose ou une pensée pour les dames de la galerie.

Informez-vous en passant, et l'aubergiste ne manquera jamais de répondre :

— Oui, monsieur, l'on patine ici, et il y a un tel qui *écrit son nom.*

Un tel est dépouillé de son titre de monsieur ; il est passé à l'état illustre dans son pays : ainsi disons-nous Victor Hugo, Lamartine, Dumas. Et tous les concitoyens s'entendent pour certifier ce tour de force que personne n'a vu ; on répète de confiance cette énorme bourde, parce qu'on suppose qu'écrire son nom est le *nec plus ultrà* de l'art du patin.

Si le patineur de première force dont s'enorgueillit la ville de province est par hasard un rejeton du marquis d'O, surintendant de Henri III, ou qu'il se signe d'une simple initiale, je conçois le phénomène ; mais si son nom sort de la concision chinoise, je nie qu'il puisse le tracer d'un seul élan et d'un seul et même pied. Toute lettre bouclée peut être ébauchée à la rigueur : on n'a jamais fait, que je sache *n*, *m*, *k*, etc., du moins sans des fioritures qui rendent ces lettres indéchiffrables.

Écrire un mot avec les deux patins, par une succession de petits élans, n'est qu'un jeu d'enfant et une fatigue qui n'est point suffisamment compensée par la grâce de l'exécution. Je vous ai décrit, il est vrai, une sorte de rosace fort bien réussie par deux patineurs belges ; mais remarquez, je vous prie, que cette figure est composée d'une série de cercles heureusement enchevêtrés, et par conséquent de plusieurs coups de patin faciles, dans la régularité desquels consiste le mérite.

Un cercle, un ovale, une ligne *à peu près* droite, une spirale, un 3, un 5, un 8, telles sont les uniques figures qu'il soit possible de tracer d'un seul élan. Le patin subit sa loi d'impulsion, qui lui interdit un retour brusque et direct : ce n'est ni la plume, ni le crayon que la main dirige à son gré.

Un de nos meilleurs écrivains, qui probablement

ne patine pas, quoiqu'il soit fort aux exercices d'a-
drasse, a, dans l'un de ses romans, partagé cette
erreur si répandue, qu'*on écrit son nom*. Il y avait
fête d'hiver à la pièce d'eau des Suisses, à Versailles. Le chevalier de Saint-Georges[1] y patinait
aux applaudissements d'une brillante assemblée,
lorsque la reine Marie-Antoinette, arrivant en traîneau, il voulut la prévenir qu'un danger la me-
naçait; et, aussitôt, d'un coup de patin, *rapide
comme l'éclair*, dit le romancier, il écrivit en allemand le mot *danger*, c'est-à-dire *Gefahr*.

Or, je mets au défi tous les patineurs du monde
de tracer d'un pied, avec le même élan, ce mot
*Gefahr*, ou 𝔊𝔢𝔣𝔞𝔥𝔯, qu'il soit écrit en lettres fran-
çaises ou en caractères tudesques. Les plus forts
formeront un *g* estropié et s'arrêteront là. Si le chevalier de Saint-Georges l'a écrit des deux pieds, je
n'ai plus rien à dire; alors il y a mis du temps, il
n'a pas été rapide comme *l'éclair*, et la reine Marie-Antoinette a dû s'armer de quelque patience.

Ne serait-il pas à propos d'en finir avec cette niai-
serie du nom, de la rose et de la pensée, à laquelle j'ai consacré tout un chapitre?

Du reste, je n'ai pas la prétention de convaincre

---

1. Le beau mulâtre, qui excellait dans tous les exercices du
corps, n'était, à ce qu'on m'a assuré, qu'un patineur de second
ordre. Je tiens cette assertion d'un témoin oculaire, de M. Delangle, qui est bon juge en la matière.

les gobe-mouches. La crédulité est une infirmité de nature difficile à guérir, et il y aura toujours des gens pour croire à la fable du vieux soldat à la tête de bois qui joue de la flûte à l'entrée de l'hôtel des Invalides.

# CHAPITRE IX.

Les Groënlandais. — Les Russes. — Le traîneau et le patin :
parallèle. — Le Belvédère. — Saphir. — Les Allemands ; les
femmes ; les Hollandais. — Les Anglais, les Belges et les
Français.


Bien des fois, nous avons entendu autour de
nous le raisonnement suivant :

« Plus un pays se rapproche du nord, plus et
mieux on y patine, parce que la glace y est presque permanente, et que l'exercice engendre l'habileté. »

Les gens qui disent cela, sous prétexte d'établir
un de ces gros axiomes tout reluisants de vérité,
ne se doutent guère qu'ils commettent un so-
phisme. Peut-être sont-ils dupes de ce trope,
*exercice du nord*, qu'ils prennent à la lettre.

D'abord, on ne patine pas dans les contrées boréales proprement dites. Les indigènes du Groën-
land et du Kamtchatka se contentent de parcourir
leurs neiges en traîneau ou sur de longues et
étroites sandales de bois. Mais ne sortons pas de
l'Europe.

Nous n'avons jamais visité la Russie ni la Suède, nous savons seulement qu'on y gèle beaucoup et qu'on y patine peu ou mal : il fait trop froid.

*Il fait trop froid!* Qu'en dites-vous pour un exercice du nord? Nous trouvons, nous, l'argument sans réplique.

En hiver, le Russe, — je prends le Russe comme article de mode, — le Russe est emmitouflé de fourrures, où son nez même, sous peine de congélation, doit être emprisonné; vous n'imaginez pas, je pense, que, dans cet attirail, le Russe va déployer la souplesse, l'agilité, la prestesse qui sont précisément les qualités dont notre art peut le moins se dispenser. Il courra peut-être, si on le hisse sur des patins, l'impérieuse hygiène de la saison lui ordonnant des mouvements précipités; mais courir n'est point patiner.

Le vrai plaisir d'hiver de ce triste pays, ce sont les traîneaux; et encore je gagerais que ce véhicule plaît moins aux Russes qu'aux écrivains du genre descriptif. Ah! quelle aubaine littéraire quand on saisit l'occasion de nous montrer « des chars élégants qui volent sur la neige, sur le lac glacé, sur le fleuve de cristal! Que dis-je, des chars! des nacelles, des gondoles dont la proue dorée est surmontée d'un cygne, d'un dragon, d'une sirène!... Et puis, ces ardents coursiers, enrubanés, empanachés, aux mille grelots *tintinnabulants!*... »

Cela est sonore, *mouvementé*, resplendissant.

« O mon patin! — car le parallèle se présente naturellement, — ô mon patin! dit un poëte que je traduis en prose, comme il n'a rien à envier de toutes ces splendeurs! Élégant autant qu'il est simple, il vole, tandis que le traîneau court. La lame dont il est armé n'est ni d'argent ni d'or, mais d'acier : image de l'éclair, parfois elle étincelle, et je l'ai sous mon pied! On dirait qu'un fil électrique la rattache au cerveau, tant elle obéit prestement à tous les caprices de la pensée! Entraîné par mon patin, je me sens indépendant, heureux; je parcours des champs d'azur, je vis, je respire dans l'espace éthéré :

Ah! d'un air libre et pur laisse-moi m'enivrer!

Lass mich in vollen, in dürstigen Zügen
Trinken die freie, die himmlische Luft.

« Et cet immense plaisir, je ne le dois pas à un char, à des chevaux, à des domestiques : c'est mon patin qui me l'a procuré, c'est moi! »

Pour mon compte, je n'en veux pas le moins du monde à ces pauvres traîneaux. Bien au contraire! Je m'en suis servi plus d'une fois, et je leur ai toujours donné la préférence sur les fiacres de Vienne — qui sont les meilleurs de l'Europe — quand j'allais au Belvédère faire ma promenade habituelle. Le palais du Belvédère est un musée de tableaux

placé dans un faubourg de Vienne, Wiednervor-
stadt, sur un monticule très-élevé, d'où le prince
Windischgraetz a commencé, en 1849, le bombar-
dement de la capitale de l'Autriche. Derrière ce
monument, dans le jardin, se trouve un bassin
oblong, peu spacieux, qui sert de rendez-vous aux
patineurs.

Les déversoirs du Danube, les prairies basses que
ce fleuve inonde, soit au Prater, soit dans l'Au-
garten, offriraient un vaste théâtre pour les amu-
sements d'hiver; mais la mode en a décidé autrement : elle a choisi l'étroit bassin du Belvédère, où
elle attire des milliers de spectateurs, parmi lesquels j'ai remarqué souvent l'écrivain satirique Saphir donnant le bras à un célèbre astronome,
M. ***, le Le Verrier de l'Observatoire viennois. Il
est démontré que les astronomes se font accompagner quand ils sont forcés d'aller sur la glace.

On va le matin au Belvédère quand on veut patiner librement et avec sécurité. Dans l'après-midi,
la glace est encombrée de glisseurs, de curieux et
de sellettes. Les sellettes, comme les patins, sont
louées aux boutiques qui se tiennent à l'entrée du
bassin; ce sont de petits traîneaux grossiers qui
portent généralement des dames et sont tirés ou
poussés par les amis et connaissances. Rien ne
coûte à la galanterie des Viennois : ils s'attellent
avec une bonhomie étonnante; ils mettraient leur

tête sous le joug, pour peu qu'on les en priât. Je l'avoue à ma honte de Français, — *né galant,* — je ne me sens nul penchant pour.... l'attelage ; et, dussent-ils encore me traiter de *welche,* comme ils l'ont fait lorsque je n'ai pas voulu avaler un morceau du mouchoir de Fanny Cerito, qu'elle leur avait abandonné et que ces fanatiques avaient mis en lambeaux, je soutiens qu'ils ont tort d'admettre les traîneaux sur leur étroit bassin, parce que c'est un ennui, un souci et véritablement un dangereux obstacle pour le patineur, qui passe son temps à les éviter, quand il ne les tire pas, et néglige les figures artistiques.

Les Viennois sont de hardis patineurs, renommés dans toute l'Allemagne ; mais ils ne finissent aucun pas, ils ne décrivent point un cercle parfait, ils ignorent les *dehors suivis en avant et en arrière,* ils ne connaissent pas les changements de carre, etc. Peu soucieux des poses plastiques, quoiqu'ils aient le buste bien placé naturellement, ils ne savent point tirer parti de leurs bras, qui les embarrassent et qu'ils tiennent ballants ou croisés sur la poitrine[1].

1. L'élan des Viennois se prend par la course, ainsi que nous le faisons ; mais quand ils se retournent en arrière, leur *passe de transition* diffère de la nôtre : ils emploient le *saut* et nous la *volte.* Par le *saut,* le patin s'appuie trop fortement sur la glace et éprouve un temps d'arrêt ; la *volte,* à notre avis, est plus légère et mérite la préférence.

Je me rappelle quelques-uns de leurs pas : ces détails peuvent intéresser ceux de nos lecteurs qui aiment à comparer.

M. Dannhauser (le frère du célèbre peintre), avec qui j'ai eu d'agréables relations sur la glace et à la salle d'armes, était d'une agilité extrême à tous les exercices du corps. Voici entre autres un de ses coups de patin qui ne laisse pas que de présenter certaines difficultés : M. Dannhauser part à fond de train des deux pieds, se jette en avant sur le droit, volte en *arrière*, revient par une seconde volte sur sa *pose en avant* (toujours du même pied), et achève sa ligne droite qu'il a coupée en trois parties égales. Seulement, la ligne n'est pas droite ; j'ai prouvé que cela ne se pouvait pas.

Une des grâces locales qui m'a frappé au Belvédère, c'est de lever le pied opposé à celui qui qui court, de le porter en avant, et de le saisir, sans se baisser, avec la main, en simulant que la courroie est mal attachée : manifestation d'équilibre qu'on juge souveraine pour éblouir le public ! Ou on jette ses gants au loin, afin de les ramasser dans la course ; ou bien on se lance à corps perdu, en sautant de devant en arrière et réciproquement : on témoigne une inquiétude fiévreuse qui doit nécessairement entraîner les suffrages.

Ces courses et ces sauts désordonnés constituent l'enfance de l'art : c'est ainsi qu'autrefois nous courions sur les prairies inondées par la Saône, jouant aux barres, sautant nos casquettes et les fissures de la glace, faisant une lieue dans dix minutes.

Je demande la permission de baptiser deux *pas en commun*, que les Viennois affectionnent et qu'ils répètent avec un plaisir toujours nouveau; j'appellerai ces figures, par imitation, l'une *aile de moulin*, et l'autre *pas des Corybantes*.

Douze ou quinze patineurs se réunissent; ils s'alignent de façon à ce que le premier se trouve à peu près au milieu du bassin, pour former le pivot. A un signal donné, cette ligne s'ébranle soit en avant, soit en arrière; elle tourne à toute vitesse, comme l'aile d'un moulin. Ce *pas* ne manque pas d'un certain effet lorsque la rangée des patineurs reste alignée, qu'elle ne se crève ni ne se bossue; mais qu'il doit être ennuyeux pour le premier qui est pivot, qui ne bouge pas de place, qui se cramponne à la glace, et sembler peu commode au dernier de la ligne, lequel est obligé de multiplier sa fatigue et sa vélocité!

**Le pas des Corybantes.** — Ces mêmes patineurs se promènent sur quatre de front, battant des mains et frappant la glace à intervalles mesurés. L'ensemble de ce vacarme a éveillé chez moi le souvenir mythologique des prêtres de Cybèle, des Corybantes; mais les coups de patin en particulier m'ont rappelé les sabots cadencés des pêcheurs du Pollet, quand ils virent au cabestan sur la jetée de Dieppe[1]. Je reprendrai ce pas à l'article *musique*.

Le goût de nos provinces est en honneur au Belvédère ; on y cultive immodérément la pirouette. Nous y avons vu M. Fl..., de Prague, excellent patineur du reste, faire dix-huit voltes sans s'arrêter. Cet homme devenu tourbillon, transformé en toupie d'Allemagne, donnait le vertige aux spectateurs.

En 1842, avant de connaître la manière française qu'ils ont adoptée, à ce que je crois, les patineurs du Belvédère exécutaient parfaitement une de nos figures, qu'ils faisaient à toute volée, l'un suivant l'autre : c'est le *trois* (3), qui chez nous se pratique ordinairement *en petit*.

A cette époque, et en compagnie de M. Dannhau-

1. Les marins de Dieppe ou de son faubourg le Pollet halent leurs barques à l'entrée du goulet pour les conduire dans le port. Hommes, femmes, enfants, vieillards, s'attachent à la corde, qu'ils tirent en piétinant régulièrement sur les dalles avec leurs semelles de bois. Chaque coup de sabot accompagne les paroles suivantes, qui sont criées sur toute la ligne : *Là!... là!... un bon coup là!...* Chanson à laquelle je n'ajoute ni ne retranche une seule syllabe, et dont on remarquera l'agréable simplicité. Les points suspensifs figurent le *silence*, la mesure se précipite sur le *bon coup là*. Je ne puis guère indiquer l'air autrement, la gravité de notre œuvre s'y oppose ; mais nous noterons ce chant candide, et nous enverrons à Vienne les paroles et la musique.

ser, j'ai eu la bonne fortune de patiner un matin au Belvédère avec deux Hollandaises dont malheureusement la désinvolture et l'agilité nous laissèrent à désirer. C'étaient deux grandes et belles filles, deux sœurs, qui tenaient une élégante boutique de pâtisserie sur la place Saint-Étienne (Stefans-Platz); elles avaient leur attifement national, des bonnets très-enrubannés, et de larges plaques d'or battant sur les oreilles, ce qui leur donnait un faux air de frégates à voiles, jolies tant que vous voudrez, — nous serons de votre avis, — mais mauvaises marcheuses, ou qui étaient un peu contrariées par le vent. Nous allions en arrière, M. Dannhauser et moi, faisant l'office de remorqueurs.

Loin de rendre cet exemple concluant, nous prétendons au contraire que, si le patinage est une danse, les femmes y doivent participer. Le froid les effraye, la glace les épouvante, quoique *le gazon soit plus dangereux*, à ce qu'assure l'opéra-comique. Mais comme les chutes sont sans gravité, et qu'avec des précautions elles ne sauraient être ridicules, nous croyons moins à ces raisons de peur, qu'à de certaines hésitations de convenance, de timidité, de mode. Vienne donc la mode!... Alors je conseillerai à ces dames de se borner à des *dehors en avant* et *en arrière*, à de petites *olivettes*, enfin à de petits *pas* et à de légères *pirouettes* sur les deux pieds. Quel spectacle séduisant!... Mais n'anticipons pas sur l'avenir.

Je ne parlerai point à mes lectrices (s'il s'en trouve) d'un costume approprié à l'exercice du patin, nous nous récusons en fait de toilette ; seulement nous ferons observer que, si on va au bal un peu décolletée, on pourrait bien raccourcir le bas de sa jupe de velours, avant de se présenter sur la glace.

Voici quel est le costume des jolies Madrilènes, quand elles patinent sur les étangs du Retiro : cracovienne ornée de riches passementeries, jupe courte de casimir, pantalon à carreaux, petit chapeau de castor à plumes et bottines en maroquin de couleur. Ajoutons à cela que, pour ce divertissement d'hiver, il s'est formé une société tirée des premières familles de la noblesse et de la bourgeoisie.

C'est court vêtues que patinent les Hollandaises. Pas plus, à la vérité, que leurs compatriotes néerlandais, je n'oserais les signaler comme étant un symbole de grâce et d'élégance : les Hollandais s'inquiètent fort peu de cet accessoire artistique, ils n'en ont pas le temps. Ce sont, en général, des laitières et des marchands pressés d'arriver ; leurs canaux sont leurs chemins de fer, la fonction du patin est celle d'une locomotive ; il s'agit pour eux d'aller vite, et ils courent parfaitement en tortillant

les hanches, sur leurs patins à longues lames re-
courbées.

Tout inventeurs du *steeple-chase* qu'ils sont, les
Anglais ne comprennent pas de cette façon l'art de
patiner : ils pensent avec raison que courir n'est
pas danser. Ce sont aussi des patineurs très-ha-
biles, un peu roides, mais réellement forts. Leurs
patins sont petits, solides, cannelés ; la lame ne dépasse pas la botte ; ils s'adonnent aux *pas* raccourcis, et y réussissent admirablement. Outre le manque d'abandon, un certain air gourmé dans leur
attitude, j'indiquerai la mauvaise habitude qu'ont
plusieurs bons patineurs anglais de figurer en l'air,
avec leur canne, les *pas* qu'ils sont en train d'exécuter ; même dans la *pose* de Mercure, le bâton, —
qu'on l'appelle canne ou stick, — n'aura jamais
l'air de caducée ! Notre manière, que je crois
bonne, est de tendre graduellement le jarret ; les
Anglais le roidissent en partant, ce qui n'empêche
pas leurs coups de patin d'être très-vigoureux. J'ai
vu un Anglais faire et *fermer* un grand *dehors en arrière*, en pirouettant à trois reprises différentes ; il
avait formé un cercle exact comme une figure de
géométrie, sa vitesse avait été égale jusqu'au bout,
et il dut perdre le reste de son élan dans des pirouettes finales.

Nous avons vanté le patinement de deux Belges
qui ont figuré une rosace, sous nos yeux, au bois

de Boulogne. Cet échantillon du savoir-faire de leurs compatriotes nous donne le regret de n'avoir visité la Belgique qu'en été.

Tous les *pas* que nous avons remarqués à l'étranger nous sont à peu près familiers, même la *pirouette* qui sert à les clore. Mais le genre français, du moins à Paris, consiste surtout à patiner en *grand*. Les *olivettes* simples, ou *dos à dos*, les *pas* à changement de *carre*, le *cercle en arrière*, que sais-je? toutes les figures enfin que nous avons énumérées, pourvu qu'elles se prêtent à un large développement sur une glace spacieuse, tel est le goût de l'élite des patineurs. Ce grand coup de patin *en avant* qui file sans violence, qui, par un simple balancement de la hanche, passe du *dehors* au *dedans*, et réciproquement, jusqu'à ce qu'il se perde au loin, ou qu'il revienne là où il a pris son élan, n'est-ce pas quelque chose de féerique? C'est l'aigle qui plane et change de direction sans battement d'aile.

Eh bien, cette figure-là, isolée ou exécutée par plusieurs patineurs en costume, nous ne l'avons vue nulle autre part qu'à Paris!

# CHAPITRE X.

La musique et le patin. — Merveilleux effet des quadrilles et des polkas. — *Eistantz*, danse propre à la glace. — Encore Gottlieb Klopstock et son ami Claudius. — *Le Prophète*. — Les patins à roulettes. — Si l'auteur de *l'Étoile du Nord* sait patiner. — Le pas des Corybantes. — Le tintamarre. — Éloge des castagnettes, fait par le Nestor des patineurs. — Son rêve se réalisera-t-il ?

La musique, ce plaisir inséparable de la danse, et qui accompagnerait — peut-être ? — les agiles mouvements du patin, chacun de nous y a songé, en a rêvé plus d'une fois. Quel délice, en effet! des sons joyeux sur le rivage animant les patineurs, soufflant l'audace et les capricieuses improvisations !

Oui, la musique compléterait admirablement *l'ivresse des sens* dont parle Lamartine; mais je crains bien qu'elle ne manque longtemps encore à nos exercices d'hiver.

Tel que le triomphateur antique, vous êtes libre assurément de traîner des musiciens à votre suite; je ne suppose pas pourtant que vous emmeniez des joueurs de flûte ?

« Quels seront alors les instruments de vos Orphées grelottants, je vous le demande?

— De cuivre, parbleu! de Sax; cela va sans dire.

— Ah! très-bien! Et ces pauvres diables joueront?

— Quelque chose de gai, des contredanses, des valses, des polkas.

— Bravo! parfait! »

Allons! patineurs de seconde année, — car les anciens ne se laisseront guère tenter, — partez aux accords de l'orchestre glacé, marquez la mesure, et tâchez de ne pas brouiller les figures; seulement, je vous avertis que vos évolutions saccadées, heurtées, où il y a effort, action des deux pieds à la fois, *arrêt* brusque et répété, ne dénotent aucune analogie avec l'art de patiner, et que, dans ce cas-là, au lieu de vous fatiguer grotesquement, à la façon de l'homme qui *écrit son nom*, il serait plus simple d'aller danser à terre, si c'est la danse que vous aimez.

Déjà, vers la fin du siècle dernier, le poëte Klopstock songeait à cette alliance de la musique et du patin. Il imaginait une danse, *danse propre à la glace* (Eistantz), où la régularité serait jointe à la rapidité; où la musique accompagnerait des *pas artistiques et gracieux* (textuel [1]).

1. Si, à force d'entendre répéter ces noms allemands, il prenait fantaisie à l'un de nos lecteurs d'aller puiser aux sources,

Dans *Eislauf*, il patine avec son ami Claudius, qui était aussi bon compositeur que poëte, et il lui dit :

> Du kennest jeden reizenden Ton
> Der Musik, drum gieb dem Tanz Melodie!

Toi qui connais tous les tons charmants
De la musique, donne donc à notre danse une mélodie!

(C'est très-bien, mais ce n'est que la seconde nous lui conseillerions de choisir toute autre bibliothèque que celle de la rue Richelieu. Le 10 octobre de cette année (j'ai retenu la date), je me suis transporté à la Bibliothèque impériale, avec l'intention de revoir les poésies de Klopstock et le *Rheinwethlied* de Claudius. C'est une affaire grave que de demander un livre dans cet établissement. J'étais prévenu, et, à tout hasard, je m'étais muni de mon passe-port avec d'autres papiers propres à constater mon identité. Ces précautions furent complétement inutiles; je me hâte de le reconnaître; on eut pleine confiance en moi; on se contenta de me présenter, très-poliment, un bulletin imprimé dont je devais remplir les blancs; et j'écrivis de ma plus belle écriture : « *Klopstock* (Gottlieb), édition de Wetterlein, 1827, ou n'importe quelle édition; *Claudius* (Mathias), édition *ad libitum*; » puis mon nom, puis mon adresse. Ayant accompli ces formalités, je m'assis tranquillement sur la banquette d'attente, tandis que mon bulletin voyageait dans les régions supérieures de la salle de lecture. Au bout d'une demi-heure, le bulletin revint sans livres, et fut renvoyé aux ressorts du placard, avec un signe hiéroglyphique du bibliothécaire, voulant dire probablement : « Cherchez et vous trouverez. » J'ai attendu deux heures : Klopstock et l'ami Claudius sont, malgré mes instances, demeurés invisibles. Passe pour Claudius; mais Klopstock! l'auteur de la plus grande épopée allemande, après les Niebelungen!.... Si à Berlin, à Munich, à Vienne, il manquait la *Henriade* dans la collection des livres français; que ne dirions-nous pas des bibliothèques de l'Allemagne?

partie du problème; il faut : 1° créer une danse sans contrarier le mouvement propre au patin; 2° subordonner la musique à cette danse). Mathias Claudius a composé un chant bachique, le *Rhein-weinlied*, si estimé des professeurs de Heidelberg; il a oublié la mélodie de *la danse de glace* que lui demandait son ami,

Et cet heureux phénix est encore à trouver !

De nos jours, Meyerbeer l'a cherché dans l'opéra du *Prophète*. La scène des patineurs est charmante, la cadence parfaite sur une glace de théâtre, et pour des patins à roulettes [1]. *Ma....* Cette restriction italienne en dit long ordinairement : il vaut mieux m'incliner, tout en pariant cent contre un que l'illustre auteur de *l'Étoile du Nord* ne connaît pas très-bien notre exercice d'hiver. Une fois nous avons essayé une répétition sur une vraie glace. Je regrette de n'avoir pas sous la main un compositeur ami qui me fournisse des termes techniques; je dirai donc simplement que la mesure de Meyerbeer n'a pu convenir qu'à deux de nos pas, dont nous avons même dû précipiter le mouvement : *la promenade* et *les olivettes*. Nous n'avions pas pris

---

1. Les patins à roulettes n'ont rien de commun avec les nôtres, sauf le nom. Ce sont des espèces de socques montés sur deux ou sur trois roulettes, qui procurent, dit-on, un exercice gymnastique plus fatigant qu'il n'est récréatif.

les musiciens pour nous jouer l'air des *Patineurs :*
nous nous le sommes sifflé à nous-même, pastora-
lement, mais sans pipeaux.

Comment notre art ne s'enorgueillirait-il pas du
seul poëte qui l'ait chanté? Aussi j'espère qu'on ne
sourira pas trop si je veux prononcer encore une
fois le nom glorieux mais un peu dur de Gottlieb
Klopstock. Cette idée de musique était tellement
fixe chez cet auteur, qu'elle le préoccupe en écri-
vant son poëme de *Eislauf*, où l'on prétend qu'il a
nombré ses strophes, mesuré ses vers, choisi et
cadencé ses mots, avec l'intention d'imiter le mouvement et le bruit du patin. Je crois que cette
beauté rhythmique, si elle existe, a fort peu de
charmes pour des oreilles qui ne sont point allemandes : les effets de nombre et d'harmonie imita-
tive, quand ils ne sont pas imaginaires ou puérils,
ce qui arrive assez souvent, se concentrent d'ordinaire dans la langue qui les produit, à moins qu'ils
n'expriment des sons universellement identiques,
des onomatopées bien caractérisées [1].

1. Qu'on me permette d'expliquer ma pensée par des exemples.
Le fameux

*Quadrupedante putrem sonitu quatit ungula campum*,

est d'un médiocre effet sous le rapport de la prononciation,
laquelle est diverse selon les différents peuples qui prennent la
liberté d'articuler les mots d'une langue morte; mais il est magnifique d'imitation quand on sait la prosodie et qu'on scande
ses dactyles de façon à reproduire le galop du cheval : il faut

Les Viennois, qui ont l'instinct musical et la passion du patin, désespérant probablement du talent
de leurs compositeurs, se sont rejetés sur une
espèce d'harmonie mécanique, machinale, où le
patin se suffit à lui-même, où il est à la fois musicien et acteur. C'est économique, mais peu flatteur.
Ils ont inventé un piétinement mesuré, opéré par
un escadron de patineurs, avec claquements de
mains : *le pas des Corybantes*, que j'ai déjà désigné. Le choc des lames de patin et le cliquetis des
boucles de courroie font un bruit de ferraille régulier, autant qu'à la longue il devient agaçant.

La chaise cassée de Musard, les coups de fouet
et de pistolet, le retentissement des talons de bottes
polonaises et des longs éperons magyars, nous
comprenons, sans les admirer trop, ces bruyantes
façons de marquer la mesure pendant que l'orchestre joue une contredanse, une mazurka, un kœr-

donc une étude préparatoire avant de sentir la beauté du vers de
Virgile.

Je préférerais, comme justesse de son, perçue de tous, du
premier coup, ce vers burlesque :

Patara ! patara ! pouf ! *sic faciebat equus*,

Ou encore, à propos de la trompette :

*At tuba terribili sonitu* taratantara *dixit.*

Le *patara* de je ne sais quel latiniste, et le *taratantara* d'Ennius
ne sont pas beaux assurément, mais ce sont de vraies onomatopées,
qui ont l'unique tort d'être enfantines et parfaitement triviales.

...tz ou une csárdas (danses hongroises). C'est un petit genre crâne qui plaît, quand habituellement on porte le chapeau de travers, incliné sur l'oreille. Mais nous cherchons inutilement où se trouve la séduction du tintamarre cadencé sans musique. En tout cas, il ne serait pas nécessaire d'aller à Vienne voir le *pas des Corybantes*, si le bruit du fer a tant de charmes ; on peut se procurer cette jouissance à Paris, où vous entendez à volonté (quelle volonté!) les tamis métalliques de la rue des Lombards, le marteau du forgeron, la scie du tailleur de pierre, et les quatre coups du combat à l'arme blanche, si connus dans nos théâtres du boulevard.

Ainsi, un bruit de syllabes et de piétinement, voilà à quoi ont abouti tous les efforts tentés jusqu'à ce jour pour allier la musique avec le patin! Le résultat est assez mesquin, ce nous semble.

Nous ne voyons plus qu'une ressource, c'est d'appeler à l'aide la musique du midi pour nos plaisirs du nord, et, tout bien considéré, notre midi se réduira à l'Espagne. C'est idée-là n'est pas de nous, et nous ne l'acceptons que sous bénéfice d'inventaire : nous devons faire cette réserve auprès du lecteur.

Un jour que je causais de cette difficile fusion, — de la musique et du patin, bien entendu, — avec M. B..., patineur plus que septuagénaire, dont je vous raconterai peut-être la vie, ce vieillard éton-

nant, qui étudie la question depuis une soixantaine
d'années, se leva tout à coup comme électrisé par
quelque idée lumineuse, se prit à rire et s'écria :

« Enfin, j'ai notre affaire! » du ton qu'Archimède
a dit : *Eurêka!*

Je regardai M. B..., qui sourit de nouveau, puis,
en qualité de sportman, il crut devoir m'adresser
le speech ci-joint :

« L'Espagnol joue de la guitare et des castagnettes, n'est-ce pas? »

La proposition étant incontestable, je fis un signe
d'assentiment.

« Vous ne devinez pas?... Voilà notre affaire! »

Je considérai l'orateur avec une certaine inquiétude.

« Comment! la guitare! murmurai-je; des trou-
badours sur la glace!

— Eh non! s'écria-t-il un peu impatienté; nous
n'avons que faire de la guitare! nous la laissons à
l'Espagnol, mais nous lui prendrons ses castagnettes. »

Ici il y eut une pause. Jouissant de ma stupé-
faction, M. B... reprit avec une énergie croissante :

« Les castagnettes, monsieur..., — j'arrive de Séville et je m'y entends, — les castagnettes se prêtent
à toute mesure et à toute musique, à tous les mouvements possibles, aux boléros, aux fandangos
comme à la jota de Sarragosse, aux séguidillas

comme à la cachucha de Cadix. Des castagnettes!
vive Dieu! qui posent les mains, développent les
bras, courbent la taille, forcent le corps à de dé-
licieuses inflexions. *Las castanuelas! caramba!*... Et
maintenant, figurez-vous huit, seize patineurs;
deux ou trois quadrilles, mais complets, *señores* et
*señoritas*.... Oui, monsieur, des dames! Et pourquoi
non, s'il vous plaît?... Nos doigts sont flexibles,
échauffés par l'exercice.... En avant! *caballeros! el
baile* commence.... »

En ce moment, joignant l'action à la parole, le
Nestor des patineurs se mit à cliqueter avec ses
doigts; il s'était enivré du spectacle qu'il s'était re-
présenté à lui-même : avait-il si grand tort, lui qui,
dans son rêve, venait de conclure la triple alliance
du patin, des femmes et de la musique!

M. B... est un vieillard vigoureux et toujours vert :
tout ce qui touche à notre art l'enflamme aisément.
Nous avons, nous, l'imagination plus calme, et
nous lui fîmes quelques objections.

« Mais vous n'y pensez pas, mon cher monsieur,
avec vos castagnettes! Et le froid aux mains?

— J'ai répondu à cela. On patine d'abord, et les
doigts ne tardent pas à s'échauffer.

— Tout Espagnol est né cliqueteur, je ne dis pas
le contraire; mais en France, sauf le gamin de Paris, personne ne sait jouer des castagnettes.

— On apprendra!

« — Allons donc! vos castagnettes sont tombées dans la rue.

« — On les relèvera, » fit-il avec ce geste étrange que je n'ai vu qu'à Grassot; et notre homme, enchanté probablement de ses futurs, de ses *castanuelas* et de son *caramba*, sortit en chantonnant l'air des *Folias d'Espagne*.

Qu'adviendra-t-il de cette proposition[1]? Je ne saurais le dire. Mais son auteur, notre vieil ami M. B..., est homme à la faire valoir en personne, et je ne serais pas étonné de le voir cet hiver-ci pratiquer notre *danse de glace* au son des casta-gnettes.

---

1. Nous espérons, du moins, que cette proposition sera prise en considération chez les Espagnols. Peu de personnes se doutent qu'on patine à Madrid. Le bassin du *Retiro* est magnifique et spécialement consacré aux exercices d'hiver.

# CHAPITRE XI.



La vieille école; la nouvelle. — Quel est le chef de la dernière.
— La perfection.

Comme notre art n'est pas plus exempt qu'un autre des discussions, des oppositions et contradictions qui signalent si agréablement n'importe quelle branche des connaissances humaines, excepté les sciences exactes, il s'ensuit que le patinage doit aussi se diviser en *écoles*, — *Risum teneatis, amici!* — de même que la littérature, la peinture, la philosophie, etc.

Seulement, l'art du patin se bornera modestement à deux écoles : la vieille et la nouvelle.

Les disciples de la vieille école sont infatigables. Ils s'adonnent aux *petits pas* qu'ils exercent toute la journée et partout; à ce point qu'on jurerait qu'ils remplissent une tâche et pratiquent un métier. Ils ne dédaignent pas les plus infimes bassins de nos jardins publics, où ils se commettent avec la multitude des glisseurs. Cette cohue ne les gêne pas. Ils sont souples, se replient sur eux-mêmes, ne heurtent personne, et tracent supérieurement leurs petites figures, si compliquées qu'elles soient; la foule, qu'ils recherchent, les admire. C'est l'école du savoir-faire, froide, régulière, correcte, monotone et stationnaire : c'est l'immobilité dans l'art de patiner! Un peintre dirait de cette école : « C'est poncif, c'est bourgeois. »

La nouvelle école est plus sobre d'exhibitions. Tout lieu ne lui est pas indifférent : elle recherche surtout l'espace, un lac, une rivière, un vaste bassin où elle puisse développer ses grandes et hardies figures. S'il y a des spectateurs, on s'en trouve honoré; mais l'idée des applaudissements n'est que supplémentaire : on patine d'abord pour soi, et ensuite pour son compagnon avec qui l'on croise ses pas.

Le défaut des partisans de la nouvelle école est de trop négliger le terre-à-terre, et d'être embarrassés sur une petite glace où triomphent leurs antagonistes. Mais ils ont plus de hardiesse, plus d'essor; ils éprouvent plus de plaisir; ils sont passionnés pour l'art, et ils innovent : tenez pour certain qu'ils progresseront.

S'il fallait établir des principes séparés pour ces deux genres différents, le travail qui regarderait la vieille école porterait le titre de *Manuel*, ou *Procédés pour*, etc; appliqué à la nouvelle, il s'appellerait peut-être une *Poétique*.

Nous considérons feu **M.** Dubasty comme le chef de la nouvelle école. Il a inventé ou perfectionné les grands coups de patin.

C'était un homme d'une cinquantaine d'années, pour le moins, en **1838**, époque où je l'ai vu patiner. Il était assez replet, mais doué d'une rare vigueur. Sa pose *en avant* était parfaite. Ses copatineurs doivent se souvenir des exercices aux jalons, où il était incomparable. Je vois encore voltiger sa veste orange, dont l'usure me paraissait vénérable comme des chevrons ; il arrivait toujours le premier.

Cependant son *patinement* [1] était borné. Il allait assez rarement en arrière, où il semblait manquer de hardiesse. Les cercles *en arrière* que je lui ai vu faire étaient étriqués, indignes de lui.

Mais quel vaillant patineur dans les *pas* à changement de *carre !* Nul ne l'a encore égalé.

Résumons-nous. Voulez-vous patiner pour la foule, et dans ce but n'exécuter que des pas connus, suivre l'ornière, faire du labeur ? Vous appartenez à l'ancienne école.

Vous plaît-il de patiner pour vous, pour votre propre plaisir, d'innover, d'improviser, de croire à la perfectibilité de l'art ? Vous êtes de l'autre école.

1. L'argot du patin dit *jeu ;* l'Académie dirait *manière de patiner ; patinement* serait plus simple.

Le patineur qui vise à la perfection sera éclectique. Il adaptera l'un ou l'autre système à l'espace plus ou moins grand qu'il aura devant lui (j'ai vidé cette question dans mon chapitre du patin); il mêlera l'élégance hardie des grands coups de patin avec la régularité des petits; surtout il ne sera pas infatué d'amour-propre, il se montrera toujours gai, bienveillant, et, avec ces deux qualités-là, nous pouvons répondre qu'il sera naturel et gracieux.

M. Garcin, l'auteur du livre didactique dont j'ai parlé, aurait réuni tous ces avantages, au dire de ses partisans. Cet artiste, qui n'est plus, a eu aussi la gloire d'avoir des détracteurs, ce qui prouve tout d'abord son mérite, comme l'exception confirme la règle. Nous avons entendu des critiques lui reprocher de la mignardise dans les gestes, et un manque d'ampleur dans le patinement. Je n'ai pas eu l'honneur de connaître M. Garcin, mais je suis tout disposé à me ranger du côté de ses admirateurs, et à croire qu'il était de la bonne école; qu'il a été, en pratique, conséquent à son ouvrage, où il témoigne une partialité marquée pour les grands coups de patin. Seulement, je ne l'ai point vu patiner, et, en question de cette nature, il faut juger *de visu*, ainsi que nous l'avons fait au sujet de M. Dubasty.

# CHAPITRE XII.

Les patineurs et les vins. — L'âge d'or. — Simple calcul. — La
robe prétexte. — Les vieillards *respectent-ils leurs années
quand ils patinent ?* — Notice sur le doyen des patineurs. —
Paroles remarquables de Pichegru.


Quand on est jeune, on court à tout rompre sur
la glace, on fait des tours de force, on saute par-
dessus un chapeau ; mais on ne sait ni filer ni lier
les coups de patin : le moelleux manque, la force
prédomine, l'exubérance de vie se fait trop sentir,
la séve déborde.

Les grands patineurs sont comme les vins généreux : ils doivent être vieux ou, soyons plus poli,
dans la maturité de l'âge, pour être parfaits.

Il y a un terme, bien entendu, à cette double
maturité. S'il est dépassé, le vin aura peut-être
conservé son bouquet, et le patineur sa grâce ;
mais ils auront perdu, l'un sa force, et l'autre la
vigueur et l'élasticité de son jarret.

Je fixe l'état parfait du patineur de trente-huit à
cinquante ans : ce *certain âge* est son âge d'or.
Entendons-nous : notre quadragénaire, je ne vous

le présente pas en qualité de *beau*, de dandy, ayant des prétentions d'Adonis, mais comme un homme qui est maître d'un art dont il possède toutes les ressources. Il est convenu cependant qu'il n'est pas valétudinaire, comme votre serviteur; qu'il est exempt de rhumatisme, de goutte et d'obésité; et enfin, chose essentielle, qu'il n'a pas négligé une seule année de pratiquer son *exercice du nord*.

« Mais tournez-vous, de grâce, et l'on vous répondra! » me dira quelque railleur.

— Ah! vous me citez le *renard ayant la queue coupée:* vous avez bien de l'esprit, monsieur; mais je suis à l'abri des allusions, quelles qu'elles soient. Mon individualité est à l'écart; elle est inconnue et restera dans l'ombre.

Cela posé, je vais appuyer mon assertion sur des chiffres.

Admettons que le patineur ait chaussé des patins dès l'âge de quinze ans, un an plus tôt que les jeunes Romains ne revêtaient la robe prétexte. A quarante ans, il aura vingt-cinq années de service, c'est-à-dire trois cents jours d'exercice, en comptant, terme moyen (et largement), douze jours par année ou par hiver.

Trois cents jours de pratique, moins d'une année ordinaire, est-ce trop long pour un art si difficile? Qu'on me cite une profession dont l'apprentissage seul ne soit pas plus long!

Est-ce à dire qu'il faille cesser de patiner aussitôt qu'on atteint cinquante ans? Loin de là; c'est un plaisir qu'on continuera de prendre aussi long-temps qu'on pourra, en consultant ses forces et non son âge.

Les patineurs en cheveux blancs ne sont point rares sur la glace, et ils *respectent leurs années*, quoi qu'en dise M. de Lamartine. Tous n'ont pas, il est vrai, conservé cette vigueur extraordinaire qui signale les deux septuagénaires que j'ai cités ; il est même douteux qu'ils l'aient jamais eue ; mais ils ont de la grâce, et ils s'amusent. Ils jouissent paisiblement d'un exercice qui les égaye et entretient leur santé.

J'ai fait connaître plus haut l'un de ces vieillards, M. Delanglc, ce page de Louis XVI, qui a patiné avec Saint-Georges ; l'autre, qui est notre doyen, a droit à une notice spéciale, que nous avons d'ailleurs promise au lecteur.

Je voudrais être calme en parlant de cet homme extraordinaire, et je sens déjà l'enthousiasme me gagner malgré moi. Nous l'admirons, non pour son talent seul, car c'est un avantage que d'autres peuvent lui disputer, mais à cause de sa foi, où il est sans rivaux, de son inébranlable foi de soixante années en l'art de patiner! On les compte, ces profondes convictions qui résistent à tous les orages et durent plus d'un demi-siècle! Il n'y a plus,

du moins à ma connaissance, que deux hommes
en France qui participent à cette longévité et à
cette constance d'opinion; deux rois! un poète et
un patineur : Béranger et M. Jules Billiaut!

M. Billiaut est né en 1777, dans la petite ville de
Dourdan. Comme celle de tous les grands peuples
et de la plupart des hommes illustres, son enfance
est enveloppée d'obscurité. On sait seulement, d'a-
près quelques révélations qui lui sont échappées,
qu'il faisait fort souvent l'école buissonnière en
hiver, et que ni la férule du maître d'école, ni les
corrections paternelles ne pouvaient l'empêcher
d'aller sur la mare voisine exercer sa précoce agilité. Le jeune Jules glissait alors en sabots.; plus
tard, il patinera, et sera chaussé de cothurnes.
Chose remarquable ! on dit de tous les personnages
célèbres qui sont partis de bas, que c'est en sabots
qu'ils ont commencé leur ascension.

A dix-huit ans, nous voyons Jules Billiaut débuter
d'une façon éclatante dans cet art, qui fut la passion de toute sa vie. Chacun de nous a lu qu'en 179.
la cavalerie française s'empara d'une flotte hollan-
daise, près de l'île de Texel, dans le Zuyderzée qui
s'était gelé pendant la nuit. L'histoire a enregistré
ce fait d'armes merveilleux, et n'a point mentionné
un jeune sous-officier de hussards qui voltigeait en
éclaireur devant les escadrons : c'était le chambel-
ran Billiaut, le seul soldat de toute l'armée qui

ossédât des patins et obtint la permission de s'en
chausser. Il arriva le premier aux flancs d'un gros
vaisseau de ligne, *le Ruyter*, immobile dans la glace,
comme une forteresse ; et, sans plus s'inquiéter
des canons de tribord que ceux de babord, il se
mit à contourner le bâtiment de toute la vitesse de
son patin ; il décrivit avec énergie cette figure que
je me repens de n'avoir pas assez vantée dans ma
classification ; il fit le *manége*, comme s'il voulait
enfermer l'ennemi dans le cercle de Popilius, jusqu'à ce que la cavalerie fût arrivée.

Le capitaine du vaisseau de ligne, le chevalier
Van der Statten, en vrai Hollandais qu'il était, ad-
mirait tant ce jeune et hardi patineur, qu'il ne voulut remettre qu'à lui son sabre de commandant.
Pichegru, le général en chef, avait vu de loin la
manœuvre audacieuse du sous-officier de hussards,
et lorsque celui-ci vint lui apporter le sabre du capitaine hollandais, Pichegru toisa son homme en
connaisseur, lui mit la main sur l'épaule, et lui dit
ces paroles mémorables : *Toi, tu iras loin, tu peux
t'en flatter !* C'est ce qu'a fait M. Billiaut ; d'abord
il s'en est flatté bien souvent : c'est même ainsi que
j'ai connu cette page glorieuse de son histoire ; ensuite il a vérifié également le : *Tu iras loin !* de Pichegru, qui est la contre-partie de cet autre mot
célèbre : *Tu n'iras pas plus loin !*

Après avoir quitté le service, M. Billiaut revint

dans sa ville natale, où depuis il n'a cessé de rési-
der, excepté en hiver. Riche, indépendant, il choi-
sit une profession analogue à ses goûts, mais unique
peut-être dans le monde : il se dévoua au patin, il
s'intitula patineur, et mit cette qualification sur ses
cartes de visite. Cependant la saison de la glace est
courte, elle ne dure pas même autant que celle des
fleurs ; M. Billiaut se fit négociant pour se créer des
distractions, pour tuer le temps, *pour achever son
année*, comme dit la *jeune captive* d'André Chénier.
Négociant en quoi? Je ne l'ai jamais su, et m'en
suis peu soucié ; ce sont des détails de vie privée
qui ne me regardent pas ; j'ai seulement supposé
que ce devait être en fourrures, vu que cette mar-
chandise est celle qui, je crois, rappelle le mieux
les rigueurs de l'hiver.

Une fois, on demanda à M. Billiaut, devant nous,
de quel genre de commerce il s'occupait, quelle
était sa profession :

« Patineur! » répondit-il avec son laconisme ordinaire.

En effet, telle est sa vie, sa vie patente, sa vie
publique, la seule que nous ayons à enregistrer.
On connaît les saisons où chante la cigale, où la
marmotte dort. M. Billiaut, lui, n'est pas gai en été,
et ne se réveille qu'en hiver. C'est dans le mois de
décembre qu'il se régénère, qu'il abandonne sa ville
natale et va se mêler aux agitations de Paris, où il

pporte une passion pure et des goûts innocents. Le jour, il flâne aux abords de l'eau, sur les quais les plus larges, portant le nez au vent et aspirant la bise comme d'autres le zéphyr ; il aime surtout le pont des Arts du côté de l'Institut ; mais, à force de s'y promener, de s'appuyer au parapet et de pousser des soupirs, lorsque le fleuve ne charrie pas, il finit ordinairement par inquiéter sérieusement les agents de l'autorité : cette surveillance dont il devient l'objet lui déplaît, mais le laisse calme et à son poste. Sa conscience ne lui reproche rien et ne devine aucun soupçon.

Pauvre et digne homme, âme pieuse, cœur d'or et corps de fer, lui concevoir une pensée sinistre ! lui songer au suicide ! lui s'arrêter dans sa course ! allons donc ! et le mot de Pichegru !...

Le soir, c'est le ciel qu'il contemple, et il s'endort reconnaissant si les étoiles sont brillantes. Dès l'aube, sa première visite est au quai des Orfévres, où il va consulter le thermomètre de l'ingénieur Chevalier ; il dédaigne le côté centigrade, il n'a foi qu'en Réaumur, sur lequel il a toujours basé ses calculs.

« Deux degrés Réaumur au-dessous de zéro ! bon ! Demain quatre ; le vent est du nord ; dans deux jours nous patinerons.... » S'il ne neige pas ! La neige est pour lui l'épée de Damoclès ; la pluie n'est qu'un danger éloigné. Enfin, le ciel compatit

à tant de tourments, la glace est consistante, *elle
porte;* notre homme endosse la veste olive, ou
bleue (le rouge lui est antipathique), et il court aux
bassins de la Glacière, où il entre en scène frétillant,
papillotant, sémillant, léger comme le barbier de
Séville, quoique, à vrai dire, cette comparaison ne
brille pas par la justesse, si l'on se représente Tam-
burini, le premier et le plus gros de tous les Figaros.

Les jours se ressemblent pour notre patineur
jusqu'au changement de temps. Mais voilà qu'il dé-
gèle ! ce funeste événement est presque compensé
par un de ces mots heureux que trouve M. Billiaut
dans les grandes circonstances : *Ça ne va pas à
Paris!* vous dit-il en secouant la tête, *ça ira à Ab-
beville*, ou à *Lille*, ou en *Belgique*, ou en *Hollande*;
et il part pour un de ces endroits où il espère rencontrer de la glace. Quelquefois il se trompe ; alors
il porte ailleurs son désappointement. Oh ! que Pichegru avait raison !

Un de mes amis, qui a été admis dans la familia-
rité de cet homme étonnant, m'a fourni quelques
détails curieux sur son intérieur. La maison de
M. Billiaut est petite : c'est celle de Socrate. Le salon
est tapissé de tableaux qui ne représentent que des
scènes du Nord : pêche à la baleine près du pôle,
chasse à l'ours dans les plaines neigeuses de la
Lithuanie, courses en traîneaux : *l'Hiver en Hollande*, de Lepoitevin ; *l'Hiver dans les environs de*

...ège, de Hoppenbrouwers; *l'Aurore boréale*, de ...lard; encore *l'Hiver*, de Verschuur; on ne voit que glace et que neige : c'est à donner le frisson en plein été. M. Billiaut n'a qu'un seul tableau de patineurs, tant le sujet est difficile, et encore est-ce une gravure qui est de Müller et qu'il a fait venir d'Allemagne.

Le jardin de cette maison est d'une nudité sévère, appropriée aux goûts du propriétaire. Quelques sapins ou mélèzes mal venus sont destinés à représenter une sombre forêt du nord; le reste est de l'herbe, où poussent des perce-neige, la seule fleur qui soit tolérée en faveur de son nom. On m'assure que ce jardin est à présent couvert de bitume, et converti en gymnase pour les exercices de patins à roulettes.

L'hospitalité de M. Billiaut est large et princière. Le même ami dont j'ai parlé fut invité à venir passer à Dourdan les fêtes de Noël; il lui était expressément recommandé de ne pas oublier ses patins. Cet ami, qui est grand amateur, qui a le *feu sacré*, m'a écrit (en 1849) le récit de son excursion; j'extrais quelques passages de sa lettre :

« Ayant passé la nuit en voiture, j'arrive à peu près gelé au bourg de Saint-Arnoult. Mon premier soin est de me réchauffer au large foyer de l'auberge; ensuite, je m'enquiers d'une voiture pour me conduire à la ville de Dourdan.

« — Est-ce que vous allez chez M. Billiaut *le Patineur* (ces deux noms sont accolés : l'un ne va pas
sans l'autre)? me dit une vieille femme édentée qui
soignait le pot-au-feu.

« — Oui, pourquoi?

« — Ah! est-ce que vous êtes *le patineur, vous*?

« — Ah ça! qu'est-ce qu'elle a donc, cette ma-
ritorne, avec ses patineurs?

« — Dame, oui, nous attendons un monsieur de
Paris, *un qui patine*, il y a dans la cour une voiture
pour lui. »

« Je monte dans une carriole mal close et nous
partons pour Dourdan. Nous mettons deux mor-
telles heures à traverser la forêt de ce nom. Je fais
mon entrée à Dourdan vers midi ou une heure; là
la ville était déserte. D'où vient cette solitude? Je
tire par la blouse le paysan qui me servait de
cocher :

« — Est-ce qu'il y a le feu quelque part?

« — *J'sais pas*, » répond le rustre; et un instant
après il m'arrête à la porte de M. Billiaut.

« La maison paraissait abandonnée. La maîtresse
du logis vint me recevoir; son mari était absent,
les domestiques s'étaient éclipsés; je ne l'aurais pas
trouvée elle-même sans la difficulté qu'elle éprouve
à marcher.

« — Oh! que vous venez tard, monsieur, tout le
monde est déjà là. »

« Ordinairement Mme Billiaut est taciturne, absorbée par l'admiration qu'elle professe pour son mari; la langue de cette bonne dame s'était déliée pour me faire un reproche que je ne comprenais pas.

« — Allons vite, Joseph, dit-elle au cocher, conduisez monsieur à l'étang, vous savez?

« Charmé de tant de lucidité, je me hâte de saluer Mme Billiaut, et je me réinstalle dans la carriole.

« Arrivé au haut d'une côte, à une portée de fusil de la ville, Joseph se retourne et me dit :

« — C'est là!

« — Quoi donc ! là, *grognai-je* à moitié endormi.

« Pour toute explication, il étendit à droite le manche de son fouet. Je vis un joli petit étang tout rond, le bon papa Billiaut pirouettant sur une glace du plus bel aspect, une douzaine de patineurs qui formaient son escorte, deux ou trois mille personnes assises commodément sur des banquettes placées autour de la pièce d'eau, et, de distance en distance, des feux énormes qui avaient l'air d'incendies. Les rafraîchissements circulaient, c'est-à-dire le vin et le punch ; les rouges-bords se croisaient avec activité. Tel est le spectacle qui me frappa. J'avais fait arrêter la voiture. Cette carriole, stationnant au sommet d'un monticule, avait attiré l'attention du public. M. Billiaut lui-même s'en aperçut, cessa de patiner et regarda, tandis que de mon côté je mettais pied à terre; il me reconnut et cria, d'un voix retentissante qui arriva jusqu'à moi :

« — C'est lui! enfin, c'est lui !

« Et la foule répéta :

« — C'est lui!

« Ces cris me donnèrent l'envie de rebrousser chemin; mais déjà l'agile Billiaut s'était élancé sur le sol durci, et courait au-devant de moi ses patins aux pieds!...

« J'obtins enfin des explications. C'était la fête du pays, et M. Billiaut avait profité de la solennité pour faire tambouriner que lui, Billiaut, surnommé le *Patineur*, irait à telle heure s'exercer sur l'étang; qu'il aurait pour partenaire un Parisien qui ne manquait pas d'une certaine force; et que, du reste, le vin, les liqueurs et le feu seraient à souhait sur la glace. A cette annonce, on s'était levé en masse, et, après la grand'messe, citadins et paysans étaient accourus vers l'étang; c'était cette multitude qui m'environnait.... Je ne vous décrirai point notre *patinage*. M. Billiaut était *dans son jour*, moi dans le mien : j'avais eu quelque peine à me mettre en train; j'étais d'abord d'une humeur massacrante, causée par ma nuit sibérienne, humeur qui s'était avivée en route depuis Saint-Arnoult; la vue de ces spectateurs aux regards hébétés m'irritait, et je me répétais certains mots mal sonnants.

tels que bateleur, saltimbanque, histrion, au moment de patiner devant ce public; mais les tendres accolades de mon hôte, sa candeur, son enthousiasme, me firent éclater de rire, et je fus désarmé; je ne songeai plus qu'à m'amuser.

« Ce joli petit lac tout rond, enfoui dans des bosquets, qui doivent être délicieux en été, se nomme *l'étang de la Muette*. Bon! voilà que vous pensez à la muette de Portici. Figurez-vous plutôt les muets du sérail; car il y a là-dessous une histoire terrible de strangulation et d'immersion. Mais le récit de M. Billiaut fait à table a été un peu confus, ou je l'ai mal écouté; de façon que je ne saurais assurer si la victime, une belle jeune femme, châtelaine de l'endroit, était *muette*, ou si c'est à l'étang, à la mare qu'il est juste d'attribuer ce sinistre surnom. Dieu! que je suis content de n'avoir rien su quand j'étalais *mes grâces* sur cette *Muette!* l'horripilation m'eût gagné les pieds, je serais tombé.

« Après patiner, il y a le repas de rigueur : nous bûmes du vin de Champagne; mon amphitryon en offrit même au mamelouck Roustan, vous savez, cet homme énergique qui refusa d'accompagner à Sainte-Hélène son maître et bienfaiteur; puis nous allâmes danser à un grand bal donné par les orphéonistes de l'endroit. Figurez-vous, mon cher ami, cet infatigable vieillard de soixante-trois ans, dansant, comme on dit que faisait Vestris, des entrechats, des *jetés-battus*, des *terre-à-terre*, et les jambes de ci, de là, crochues ou horizontales, en manière de grand écart, un mélange d'une demi-douzaine de gouvernements depuis 1777, qui se fondaient avec de frais souvenirs de bal Mabille ; une macédoine inouïe, assaisonnée d'un jeu de physionomie inexprimable. Je le quittai au plus fort de ses excentricités, après minuit, et je repartis pour Paris.... Cette fête lui a bien coûté mille écus. »

Ce que mon ami m'a raconté là ne m'a pas étonné le moins du monde. Le patin a coûté des sommes fabuleuses à M. Billiaut. (Que ne dépense-t-on pas pour ce qu'on aime !) M. Billiaut m'a souvent parlé de cette fête de Dourdan ; il prétend qu'après l'expédition de Hollande, à laquelle il a si glorieusement pris part, c'est le plus beau jour de sa vie ; et il ne manque jamais de me demander l'adresse de son partenaire, de cet ami qui n'est plus en France.

— Est-ce qu'il serait en Hollande ? me dit-il un jour ; j'irais le voir en hiver.

La Hollande est son idée fixe. Deux ans avant de danser à la fête de son pays, M. Billiaut avait déjà montré publiquement toute la puissance de ses muscles d'acier. En 1838, il lutta de vitesse contre un cheval trotteur pendant l'espace de vingt kilomètres, et gagna la partie. Cet événement passa presque inaperçu; *le Constitutionnel* seul en parla, et je serais très-flatté d'être appuyé dans mon assertion par les vieux lecteurs de ce journal. Si c'était à présent, avec quel talent et quel français mêlé d'anglais ou d'espagnol, on relèverait une prouesse de cette portée-là! Voyez plutôt ce qu'on a dit de Genaro, de l'Espagnol Genaro, le coureur par excellence, le grand Arabe desséché! On aurait tiré un bien autre parti du portrait de M. Billiaut. Il est sec, c'est vrai, mais ce n'est pas une momie; il a des chairs et des muscles; sa taille est moyenne et bien prise; il est nerveux et d'une force herculéenne, brisant encore à son âge une table de marbre d'un coup de poing. A-t-il été beau? personne ne s'en souvient, mais il est permis de le supposer : il a encore des yeux bleus pleins de douceur et de distinction.

Le *patinement* de M. Billiaut est varié et savant; toutes les finesses, toutes les rubriques lui sont connues; il est trituré dans l'art; sa souplesse est proverbiale, c'est celle de l'homme-caoutchouc; sa pose est bonne, gracieuse, et peut-être en abuse-t-il : un peu d'afféterie serait l'unique reproche que j'aurais à lui adresser.

Dans la vie ordinaire, M. Billiaut est doux, tranquille, froid, un vrai philosophe : sur la glace, il devient salpêtre, il volte, il vole, une pirouette n'attend pas l'autre. D'ailleurs, il est servi par la plus admirable des constitutions. Jamais il n'a été malade, il ne change pas, il est vert comme on l'a toujours vu : il rappelle le fameux comte de Saint-Germain.

M. Billiaut a pleinement justifié les paroles prophétiques de Pichegru : *il est allé loin !* et il ira plus *loin* encore, nous l'espérons, si le système du professeur Flourens est une vérité.

M. le docteur Flourens, le plus rassurant des hommes, a rétabli le temps des patriarches ; il a démontré que la durée de la vie humaine, terme moyen, est fixé à cent cinquante ans. M. Billiaut est donc tout au plus à la moitié de sa course ; heureusement pour nos neveux.

Aurais-je commis une indiscrétion en disant le nom et les prénoms du Nestor des patineurs ? Certainement, je ne le crois pas. Bien au-dessus de ce préjugé vulgaire que j'ai stigmatisé, et qui consiste à cacher son nom quand on patine, M. Billiaut ne redoute pas la publicité, il l'appelle même, parce qu'il sait que sa vie la mérite ; il dit franchement : « *Me, me adsum*, c'est moi Billiaut ! » et, afin que personne n'en ignore, il s'est fait peindre, et a écrit au-dessous du tableau : *Billiaut, sur la glace, dans la pose du Mercure. (Sic.)* Le *patineur* est en casaque verte, chaussé de cothurnes rouges ; l'un de ses pieds effleure la glace, l'autre est en l'air ; les yeux regardent le ciel, la plume de son bonnet semble agitée par le vent. Le portrait est frappant de ressemblance.

De ce beau tableau sont issues plusieurs gravures coloriées que l'original a généreusement distribuées. J'ai profité de cette largesse, et je partagerais avec le lecteur, si je n'avais renoncé aux images, quelles qu'elles fussent.

Le grand tableau orne, dit-on, la salle du conseil municipal à l'hôtel de ville de Dourdan. De plus, on m'a assuré, ce qui est très-vraisemblable, que des fonds ont été votés pour élever, à Jean-Charles-Jules Billiaut, une statue de marbre, qui ne sera pas équestre : circonstance à noter par le temps qui court.

M. Billiaut, à qui nous avons communiqué sa notice biographique, nous a donné de longues explications, d'où il résulte que son prénom serait Nicolas et non pas Jules ; qu'il ne se souvient pas exactement de la guerre de Hollande, et qu'il serait possible que nous eussions fait des frais d'imagination en citant le geste et les paroles du général Pichegru. Quant à son amour pour l'art, nous serions resté bien au-dessous de la vérité. *Mon sac à patins ne me quittait pas*, m'écrit-il naïvement, *et j'allais sur toutes les pièces d'eau où je supposais qu'il y eût de la glace, à Paris, à Versailles, à Orléans ; là je m'exerçais dès quatre heures du matin, souvent jusqu'à minuit, à la réverbération de la glace à défaut de lune.*

Quel culte! quel dévouement! La moyenne de douze jours par hiver n'est plus applicable à **M. Billiaut**, on peut hardiment lui en accorder vingt. Donc notre brave octogénaire, qu'on traiterait de monomane si les passions longues, sincères et généreuses ne garantissaient du ridicule, notre doyen ayant en ce moment soixante années d'exercice, compterait $60 \times 20$, c'est-à-dire **1200** jours de patin ; plus qu'aucun homme en ce monde à coup sûr, et quatre fois plus que le commun des mortels.

# CHAPITRE XIII.

Les chutes. — Les tas de neige. — L'excuse. — *Athalie*. — Le plongeon. — L'étang de Saint-Georges et le juif Haller. — Anecdotes. — Mesures de précaution.

Le côté prosaïque du patinage, c'est d'être exposé à des chutes et quelquefois à faire le plongeon.

Les chutes sont nulles pour le commençant, elles font simplement la joie du spectateur; elles peuvent être graves pour le patineur exercé, quand il volte ou change de *carre* à toute vitesse. Au reste, même dans les coups de patin les plus faciles, les plus modérés, une fente où se prend votre lame, une pierre, un gravier, un bout de cigare, un fétu, si vous ne le voyez pas, suffit souvent pour vous renverser. Vestes rouges, bonnets écossais et toques de velours, que ceci vous avertisse de votre fragilité et vous engage à être modestes!

Qu'est-ce que c'est que cet appel à l'humilité? Le lecteur qui sourit, pensant qu'il est mérité, attend du moins que je m'explique. Les hâbleries des chasseurs sont connues, celles des voyageurs sont passées en proverbe; les patineurs, de leur côté, ont le travers des aveux trop naïfs. J'ai une douzaine d'amis qui aiment l'exercice du nord, parmi lesquels trois ou quatre mazettes fieffées. Tous sont pleins de qualités, et assurément pas un seul n'est vantard ni fanfaron. Hé bien! ils ne sont plus reconnaissables dès qu'il s'agit de patins. Chacun d'eux, en tête-à-tête, voire même les mazettes, vous vantera son talent hyperboréen, en parlera sans gêne, comme il le ferait de sa mémoire, et quelquefois dépréciera celui d'autrui. Je conçois l'aveuglement sur sa propre valeur, sur son talent, mais c'est l'aveu naïf et sans scrupule que je ne comprends pas, pas plus pour la mémoire que pour le patin. Déclarer soi-même, tranquillement, qu'on a bonne mémoire ou qu'on patine bien, me semble également plaisant; si on dit l'un on peut dire l'autre au même titre, on peut tout dire, on peut se targuer de toutes les qualités : la modestie ne doit pas être conventionnelle. Mais, à part cette seule et unique défectuosité qu'on ne remarque qu'à huis clos ou à table, *inter pocula*, les patineurs ont une bienveillance parfaite pour les novices et sont entre eux d'une charité exemplaire à l'égard des chutes : ils sont peu tentés de rire d'un accident qui les menace constamment.

Quant à la foule, elle est sans pitié. Il y a quel-

quelquefois sur la glace des tas de neige amoncelés
par les balayeurs, et dispersés irrégulièrement
comme autant de piéges : la foule regarde avec
bonheur ces petits promontoires qu'on ne dou-
blera pas impunément, et contre lesquels va porter
le courant du patin ; elle guette le naufrage. Après
la chute, la foule attend encore un second plaisir
plus vif, peut-être : c'est l'ingénieuse excuse que
trouvera l'amour-propre froissé. L'homme enseveli
dans le tas de neige se relève, se secoue, et se
courbe précipitamment sur un de ses patins dont
il accuse les courroies ou la lame, et qu'il rend
responsable de son malheur. Le geste énergique
avec lequel il désigne le *gredin* de coupable au public fait ordinairement pâmer de rire tous les spectateurs.

Nous avons tous connu une personne qui possé-
dait une excuse d'un genre plus relevé. C'était un
grand monsieur à lunettes, à qui il arrivait de culbuter assez fréquemment, malgré sa veste rouge.
Loin des regards, il se relevait en tapinois, et ne
soufflait mot; mais s'il était à portée de voix, il se
tournait vers le public : « Quoi donc, messieurs!...
s'écriait-il gracieusement, l'*Athalie* de Racine est
bien tombée ! » Ce classique à lunettes, dont
nous ignorions le nom, nous l'avions surnommé
*Athalie*, à cause de sa taille et de son air majes-
tueux.

Le rôle de plongeon est moins drôle, et procu[re]
quelques désagréments. Je l'ai joué trois fois av[ec]
des variations dont je n'ai point à me féliciter. Da[ns]
mon enfance (on patine et l'on nage de bonn[e]
heure chez nous, témoin M. de Lamartine) ; j'ai é[té]
repêché au bord de la Saône, me débattant au m[i-]
lieu des glaçons; une autre fois, à Paris, j'ai e[n-]
foncé jusqu'à la ceinture en m'exposant sur u[n]
bassin de la Glacière que personne n'avait enco[re]
essayé ; enfin, en Hongrie, j'ai donné tête baiss[ée]
dans une claire fontaine qui reluisait à la lune, e[t]
dont l'eau limpide m'avait semblé un solide cristal
fort engageant, ma foi ! où je voulus tracer u[n]
magnifique *dehors* final : la culbute fut co[m-]
plète.

Cet événement mémorable s'est accompli il y [a]
juste dix ans, près de la petite ville de Saint-George[s]
laquelle appartient au comitat de Presbourg. J'[ai]
assez de rancune pour être bon topographe, d'au[-]
tant mieux que j'avais déjà visité les lieux en é[té]
dans la saison des halbrans. Ce sont des prairi[es]
marécageuses mêlées de sources, le long d'u[n]
grand bois qui nous avait abrités pendant la nui[t]
un Nemrod hongrois, mon ami le capitai[ne]
Th. Hauszer et moi, lors de notre chasse aux ca[-]
nards. Mais l'endroit s'était poétisé : les flaqu[es]
d'eau où nous pataugions naguère si pénibleme[nt]
avec nos grosses bottes en cuir de Russie, avaie[nt]

ni par se rejoindre grâce aux pluies, et s'étaient
découvertes d'une couche de glace de l'aspect le
plus réjouissant ; elles formaient un lac superbe,
bordé par les verts sapins de la forêt. Maintenant
je pouvais parcourir d'un pied léger ce lac éphé-
mère, et, certes, je n'y manquai pas. Jamais je ne
me sentis mieux disposé, je n'eus plus de plaisir,
je ne patinai avec autant d'entrain et d'abandon !

Quand la sphère où l'on se meut est si petite que
d'autres ne l'aperçoivent pas, serait-il immodeste
de reconnaître soi-même son apogée ? — Non,
c'est indifférent, et je ne risque rien de me dire à
moi-même que j'ai eu le mien (de patineur) aux
étangs de Saint-Georges, en Hongrie. J'étais seul,
sans témoin, je m'échauffai peu à peu, et je m'aban-
donnai, dans la mesure assez prosaïque de mes
sensations, à ce délire mélancolique décrit si élo-
quemment par M. de Lamartine. Vous savez comment cet enivrement se dissipa : c'est presque une
moralité. Je m'attardai, la nuit vint, et la lune ne
parut que pour me précipiter dans une source.

Le récit de ma mésaventure n'est pas complet.
Je dus regagner la petite ville de Saint-Georges, parcourir une demi-lieue à la course gymnastique.
J'entre dans l'auberge du Bœuf-Rouge (*zum Rothen-
ochsen*), tenue par un juif polonais. J'ouvre la porte
d'une salle basse, à ogives, que je connaissais pour
y avoir fort mal dîné six mois auparavant. L'hôte-

lier, qui était accoté au poêle, apercevant un mon-
stre ruisselant d'eau et couvert de fange, pou[sse]
un cri d'horreur, recule, et excite son chien. Ce [fut]
un siége en règle, il nous fallut une certaine énergie pour nous rendre maître de la place; nous [en]
vînmes aux expédients de Molière, et nous for-
çâmes ce juif à se montrer aubergiste, comme Va[-]
lère contraint Sganarelle à se déclarer médecin[.]
je m'empresse aussi d'ajouter que notre canne fu[t]
aussi légère que le bâton de la comédie. Je joigni[s]
à cela l'argument du beau Léandre, un *trinckgel[d]*
raisonnable qui aplanit toutes les aspérités de la si[-]
tuation. J'étais seul au début de cette noble rixe,
de ce duel chevaleresque contre un homme et so[n]
chien, molosse assez rageur dont j'avais commencé
par me débarrasser.

Deux cortez[1], gentilshommes campagnards qu[i]
buvaient du slibowich (eau-de-vie très-forte, par[-]
fumée d'anis) à une table voisine, avaient reconn[u]
que j'étais Français à la moins orthodoxe des excla[-]
mations qui me fut arrachée par la colère. Ne[s]
guerres du premier empire ont porté dans ce pays

1. On appelait ainsi les gentilshommes paysans ou pauvres qui,
comme les riches, avaient voix dans les colléges électoraux. Nous
avons vu des élections de députés : les assemblées étaient tu-
multueuses, et souvent ensanglantées. Les votes des cortez s'ap-
puyaient sur le sabre autant que sur la voix. Ce mot cortez
est sans doute une imitation de l'espagnol.

la civilisation, quelques gros mots qu'on n'a point oubliés. « Francesia ! » se dirent-ils entre eux, et aussitôt, redressant leurs longues moustaches cirées, ils s'étaient interposés en vociférant les plus effroyables jurons dont il soit possible d'être scandalisé. Les *basssam*, *basèsama*, *basssama-tabi*, allaient gradués, saccadés, *rinforzando*, et mugissaient dans les voûtes de la salle. A ces accents formidables, toute lutte était devenue impossible ; les murs devaient s'écrouler : on fit moins de bruit, assurément, pour abattre ceux de Jéricho.

J'ai entendu à Bolsena les imprécations qu'un grand diable de postillon italien, retranché derrière la porte de son écurie, adressait à un voyageur français qu'il vouait aux dieux infernaux, à tous les accidents du chemin, et à mille autres encore. Ce voyageur, qui allait monter en voiture, s'arrêta émerveillé de cette richesse de mots non *parlementaires* ; son air souriant exprimait une véritable satisfaction, ce qui redoubla la verve de son interlocuteur, lequel lui défila, à travers le trou de la serrure, pendant plus d'un quart d'heure, sans perdre haleine, une telle kyrielle de termes ronflants et terrifiants que je n'aurais pas pu supposer en entendre d'égaux dans tout le cours de ma vie. Les jurons de nos deux Hongrois, magyars pur sang, étaient d'une qualité supérieure ; c'était écrasant. Au reste, ces deux peuples de Hongrie et d'Italie se valent sous ce rapport et sont faits pour s'entendre ; d'ailleurs, leurs drapeaux, vert, blanc, rouge, se ressemblent. Leur position étant également — difficile, — ils s'irritent, s'indignent, protestent et jurent à qui mieux mieux contre l'obstacle qui les gêne. Cette habitude de malédiction les aura conduits à la perfection du genre et se sera introduite dans les relations de la vie privée.

Au milieu de cette superfétation de langage, luxuriante et pittoresque, nous remarquons la pauvreté des Allemands. Il est vrai que la dureté de leur langue les dispense de jurer ; en cas de nécessité, ils forcent la voix sans sortir de l'idiome ordinaire.

Cette façon élégante de révéler en un seul mot à quel pays on appartient, m'avait réussi auprès des hôtes de l'auberge.

Autrefois, on nous aimait en Hongrie. Dès qu'on reconnaissait notre nationalité : *Francsia !* s'écriait-on de tous côtés ; *Baraton ! Amice ! Français ! Ami !* (en hongrois et en latin), et vingt mains cherchaient à serrer la vôtre. Je me suis trouvé dans ces heureuses conjonctures. Ces braves cortez, ces nobles en habits de paysan, en jaquettes bleues, avec de gros boutons d'argent, et coiffés de larges chapeaux de feutre noirs, me comblèrent de soins ; ils m'installèrent auprès du grand poêle, s'occupèrent de ma toilette et me couvrirent d'une de leurs *bundas* (pelisses d'agneau), tandis qu'on préparait ma

chambre ; quant à l'aubergiste, rien de plus obsé-
quieux : il avait forcé une armoire pour en mettre
le linge à ma disposition. Ce juif, nommé Salomon
Haller, s'attacha même tellement à moi que, le lendemain, au moment de mon départ, il baisa la
main à *ma grâce*, et glissa deux ou trois adresses
dans ma poche.

On évite le danger d'enfoncer plus facilement
qu'une chute. Il suffit d'être prudent et de ne pas
expérimenter sans précaution les nouvelles glaces.

Le patineur se compare volontiers à un oiseau,
et il ne veut pas songer qu'il pèse davantage. Il faut
une glace de 5 centimètres au moins pour porter le
*bipède sans plumes*, comme dit Platon, et encore
cette glace doit-elle adhérer à l'eau. Sans doute
j'aurais des exceptions à citer, car nous avons patiné souvent à la Glacière sur une surface de 4 centimètres au plus, qui ondulait sous nos pas. Nous
avons été plus heureux que sage, voilà tout.

Vous connaissez le proverbe : *Méfiez-vous de l'eau
dormante ou stagnante !* C'est vrai, surtout pour les
canaux, quelque épaisse que soit la glace, à moins
qu'elle n'ait été cassée sur les bords, ce qui ferait
toucher la surface à l'eau. Souvent le niveau de
l'eau a baissé, la glace est restée suspendue et cédera
au moindre poids.

De sombres drames se passent tous les ans sur
les canaux ou plutôt dans les canaux de la Hollande.

J'ai appelé quelque part ces canaux, — quand ils sont gelés, — les chemins de fer du pays; je parfais la comparaison en y ajoutant le chapitre des accidents. (Par parenthèse, la Hollande possède actuellement de vrais chemins de fer, à railways.) J'avais pour voisin, à cet excellent et tranquille *Hôtel du Nord*, à Genève, un banquier hollandais dont le nom m'échappe, quoique j'aie retenu le prénom de son fils, et tous les détails de cette lamentable histoire. Ce vieillard était doux, triste; il m'avait inspiré une vive sympathie. Étrangers tous deux, nous ne tardâmes pas à former une sorte de liaison. On était en hiver. Le hasard de la promenade nous conduisit un jour du côté des remparts de Genève, dans la direction de Salève. Ces remparts étaient garnis de spectateurs : on patinait dans les fossés. Pris d'une indicible horreur à la vue d'un exercice qui a pour nous tant d'attrait, mon compagnon me saisit le bras convulsivement et m'entraîna au plus vite. Quelques années auparavant, ce malheureux père patinait avec son fils sur un canal de la Hollande, et il l'avait vu périr d'une mort affreuse, étouffé sous la glace !

« Ma famille habitait alors Rotterdam, me dit-il, car depuis nous nous sommes expatriés; j'avais cinquante-cinq ans : je vous dis mon âge, qui a trahi mes forces, comme vous le verrez; mon fils Ernest en avait trente environ; il était père de trois enfants, mari d'une femme adorée. Nos intérêts de commerce exigeaient sa présence à Amsterdam ; il voulut, pour plus de célérité, s'y transporter en patins, et je résolus de l'accompagner.

« Nous parcourûmes divers canaux; déjà nous approchions d'Amsterdam ; mon fils me devançait, quand soudain la glace fit entendre un sourd gémissement et rompit. Ernest est englouti ; l'instant d'après, sa tête reparaît et il s'écrie : « Mon père ! » tandis que je volais à son secours. Il ne savait pas nager. Je me précipite dans l'eau, j'atteins mon fils unique en deux brassées, je le soutiens d'une main, et de l'autre je nage vers la glace solide qui s'ébranle au contact et se casse : nous retombons dans l'abîme. Je lutte en désespéré ; mes forces étaient épuisées ; nos corps ensanglantés rougissaient les glaçons autour de nous, ma tête tournoyait; Ernest murmure à mes oreilles : « Laissez- « moi, mon père ! allez consoler ma femme et « mes enfants ! » Cependant je fais un effort suprême et j'aborde la glace ferme. En cet instant, mon fils bien-aimé se détache de moi et il disparaît pour toujours. »

A ces mots le vieillard éclata en sanglots, et je sentis couler mes larmes ; les larmes d'un père éprouvé récemment par une même douleur !

Celui qui m'a raconté cet épouvantable et trop réel événement fut aperçu de loin cramponné à la glace, roidi, demi-mort, presque fou, et fut sauvé par des patineurs hollandais.

Si cette mort tragique ne suffisait pas pour vous rappeler à la prudence, on pourrait relever la liste funéraire des victimes que notre canal de l'Ourcq engloutit chaque hiver.

Il faut de l'audace pour patiner, et, en patinant, on ne fait rien de bon sans courage ; mais ce n'est pas être pusillanime que de choisir une glace capable de vous supporter. Car enfin votre but n'est pas de *sombrer*, ni de nager, ni, — pour le moins qui vous puisse arriver, — de patauger ignoblement dans des joncs, de la vase et des glaçons.

Prévoyons le cas, cependant, où la circonspection ferait défaut. La glace s'ouvre sous vos pieds dans un endroit profond. Peut-être aurez-vous, en enfonçant, étendu instinctivement vos bras en croix ; vous vous serez blessé, c'est probable ; mais vous aurez sauvé votre vie. Le trou que vous aurez fait sera large, vous vous y débattrez sans danger sérieux : ce n'est plus qu'une affaire de bain froid et de natation. Vous nagerez des pieds, les mains appuyées sur la glace, aussi loin du rebord que possible. Croyez à mon expérience : je me suis trouvé dans cette position-là. J'ai fait des efforts violents avec mes mains pour me retirer ; j'ai eu tort, je n'ai réussi qu'à casser la glace à coups de coude, et j'ai culbuté dans l'eau, où j'ai disparu deux ou trois secondes. Alors j'ai eu besoin de nager des pieds et des mains. Je me suis accoudé de nouveau à la glace, ne remuant que les pieds pour me soutenir dans l'eau et entretenir la circulation, jusqu'à ce qu'une corde, lancée du rivage, me tirât de mon trou. — Corde improvisée s'il en fut, composée de mouchoirs et de cravates, auxquels on attacha une pierre qui n'arriva pas, du premier coup, à portée de mes mains. — On m'a repêché, ainsi que je vous l'ai dit.

Mais vous, essayez de sortir seul, par de petits élans répétés; ensuite, couchez-vous sur la glace qui vous portera étendu, si faible qu'elle soit, et attendez du secours, ou tirez-vous d'affaire vous-même en rampant sur le ventre.

Le danger des immersions serait écarté et celui des chutes bien amoindri, s'il y avait un surveillant qui empêchât de patiner quand la glace n'est pas assez forte, et qui refusât sévèrement l'entrée aux glisseurs et aux sellettes. Ces mesures de précaution si simples ont été prises au bois de Boulogne. Nous souhaiterions que cette sage sollicitude se montrât surtout là où l'immersion serait le plus dangereuse : aux bassins de Versailles et de la Villette, au canal de l'Ourcq, au lac d'Enghien. Nous n'imaginons pas qu'il y ait à mettre en balance une vie humaine et les frais d'un gardien.

# CHAPITRE XIV.

Élégie. — La Glacière de Gentilly, l'étang Coquenard, le lac
d'Enghien, Versailles et le bois de Boulogne. — Le costume
et sa nécessité. — Promenade aux flambeaux sur le lac de
Neusiedel. — L'*Attila*, le *Kalpag*, les *topans* hongrois. — La
veste et la ceinture. — Le comte d'Orsay.

L'année dernière, à mon retour en France, j'ai
parcouru avec intérêt les différents lieux où je
prenais jadis le plaisir de patiner.

Les bassins de la Glacière de Gentilly sont désertés et m'ont paru amoindris. Je n'y ai trouvé que
des sellettes, des glisseurs et des vieux maîtres de
patin en vacances, qui se promenaient mélancoliquement le long des saules desséchés.

L'étang Coquenard, près d'Épinay, a disparu :
l'étang Coquenard et le moulin avec son mauvais
vin, son excellent pain bis et sa gentille meunière !
Au fait, y avait-il une meunière, ou était-ce bien
elle et non pas une autre que nous trouvions jolie ?
Ma foi je m'embrouille et je ne jurerai de rien.
L'étang a fait place à des terres arables qui ont
monté à la surface, et qui sont traversées par le
chemin de fer du Nord.

Ces terribles voies ferrées comblent tout; elles ont horreur de l'eau, elles n'aiment que les surfaces pleines et planes où elles puissent à leur aise étendre le positivisme et l'uniformité. C'est triste, au point de vue artistique; mais du moins, la vapeur, qui tend à tout mouvoir, respectera le patin!

Plus loin, le lac d'Enghien m'est resté; il est même considérablement embelli. Mare sans nom où barbotaient les canards, puis étang de Montmorency à l'époque de J.-J. Rousseau, ce lieu s'est transformé avec le temps, la chenille est devenue papillon; c'est maintenant une miniature de lac, peuplé de cygnes, bordé par la pelouse des parcs, entouré de chalets suisses et de tourelles anglaises, une ravissante petite baie, un Baïa, où les Elvires se promènent en gondoles! Ce lac, si joli en été, plus charmant encore avec sa parure hyperboréenne, est complétement abandonné en hiver, et ce serait l'endroit le plus délicieux, le plus artistement agencé qu'on puisse rêver pour patiner! C'est plus rapproché de Paris et plus spacieux que Versailles.

On ne parle plus du bassin de la Villette, de la gare et du canal de l'Ourcq; ce sont des lieux néfastes, trop étroits, mal hantés, dangereux, où l'on se noie par escouade; des catacombes!

Je n'ai pas été à Versailles cet hiver : cela ne m'inquiète pas, je le retrouverai tel quel.

Nous avons examiné un nouvel établissement au bois de Boulogne où on a fait surgir une rivière. C'est long, de reste, et suffisamment large; mais la glace n'y est pas belle. L'administration, qui se montre si pleine de sollicitude pour la sécurité du patineur, devrait peut-être aussi pourvoir aux agréments qu'il espère rencontrer sur cette pièce d'eau ; savoir, un large espace net, propre, ou une glace neuve autant que possible ; au lieu d'un petit chemin mesquinement [1] balayé, bon pour un railway ou pour un coureur hollandais.

Aux prairies de Gentilly, que je regretterai toujours, nous jouissions le plus souvent d'une glace vierge. Quand un bassin était fatigué et crevassé, on le cassait, et nous passions sur un autre.

La rivière du bois de Boulogne ressemble à une baignoire, — ma comparaison est triviale, elle vous révolte, elle est indigne d'un lieu si pittoresque, je le sais, mais elle est juste, et c'est ce dont j'ai besoin, — la rivière du bois de Boulogne ressemble donc à une baignoire qui se remplit au moyen de robinets. Si le soir on lâchait ces robinets pour arroser la glace de façon à couvrir d'un pouce toute la surface, on aurait le lendemain un magnifique miroir.

---

1. Ces observations datent de l'an dernier. J'ai tout lieu de roire que les choses seront améliorées cette année.

J'ai remarqué d'excellents patineurs à ce lac du bois de Boulogne, deux Belges entre autres, qui me paraissaient les lions et dont j'ai décrit ailleurs la grâce et la régularité.

Nulle part, je n'ai aperçu ni les vestes rouges, ni les bleues, ni les vertes. Hélas! que sont devenus mes anciens compagnons de plaisir? Dispersés, morts peut-être, vieillis en tous cas, ou ils patinent en redingote? Pourtant, malgré ce déguisement, je les aurais reconnus à leurs coups de patin; car chaque *patinement* a son cachet particulier, son signe distinctif : c'est le style.

Dans les steeple-chases, les gentlemen-riders se montrent publiquement vêtus comme leurs jockeys, et personne ne le trouve mauvais. Pourquoi les sportsmen de la glace n'auraient-ils pas un costume spécial, approprié à leurs exercices?

Je ne désire pas que les bons patineurs endossent la casaque de soie, qui ne serait pas de saison, mais qu'ils conservent leur veste de drap ou de velours, fidèles au *vieil habit*, à l'instar de Béranger.

Nos vêtements d'homme, redingotes, paletots, fracs et habits, sans compter les noms variés que la mode apporte chaque année, passent généralement pour être disgracieux. Sur la glace, ils deviennent atroces, ils enlaidissent le patineur autant qu'ils le gênent, ils lui relèvent la taille et les épaules, ils l'humilient; et les pans et les basques!...

qui empêtrent le coureur, et s'agitent ridiculement en guise d'éventails recouvrant je ne sais quoi !

Dites des douceurs à l'une de ces belles Romaines qu'il faut avoir vues autre part que dans les tableaux des *grands prix :* savez-vous ce que vous répondra la Transteverine? Rien. Mais ses beaux grands yeux noirs s'abaisseront dédaigneusement sur les basques de votre habit. Vous voilà prévenu. C'est un moyen héroïque qu'on vous propose; c'est à vous de décider si vous ferez couper vos basques, afin de vous mettre à l'unisson des maris, des frères et des amants. La veste est une condition pour continuer vos assiduités. Je suis de l'avis de la Transteverine : supprimez les basques.

Quant au chapeau, qui ballotte sans cesse du sinciput à l'occiput, ou qui se jette brusquement sur vos yeux au moment où vous avez un obstacle à éviter, c'est un ornement de mauvais goût, incommode, dangereux, que le patineur doit constamment surveiller. Tous les jours, j'entends invectiver le chapeau, et on le porte ou supporte, parce qu'on ne sait comment le remplacer. Ces convenances de la ville ne sont point obligatoires sur la glace : vous êtes libre de vous en débarrasser et d'adopter la coiffure qui vous plaira.

Même reproche à adresser aux étrangers, chez lesquels j'ai vu patiner en tenue de ville. On pourrait excuser les Anglais, qui ont un faible pour la redingote : ils l'ont inventée ! D'ailleurs, ils se sont consacrés au genre roide, et, selon leur habitude, ils se montrent conséquents.

Le seul costume pittoresque qui nous ait frappé, est celui d'une douzaine de patineurs hongrois qui parcouraient un soir le lac de Neusiedel, à la lueur de leurs torches. C'étaient des étudiants en droit ou *juraten*, qui, accompagnés d'une musique de Bohémiens, étaient venus en partie à Neusiedel, où je me trouvais, et repartaient pour Œdenbourg : une course de six lieues à travers un lac de cristal, une mer de glace !...

Ils étaient vêtus de l'*attila* national, tunique noire, courte, à brandebourgs et boutons d'argent, à manches larges et évidées du bas, selon la mode française actuelle ; cet *attila*, ouvert, laissait voir un gilet blanc, *mellény*, sur lequel retombait une cravate noire, étroite et longue, à larges effilés d'or, *nyakravaló* ; leur pantalon collant s'enfilait dans leurs *topans*, bottines à glands d'or parfaitement justes au pied, et armées d'éperons sans molettes ; pour coiffure, ils avaient le *kalpag*, bonnet de fourrure orné d'une plume d'aigle ou de héron ; chacun portait un sabre oriental, alors fort innocent, et qui deux ans après cessa de l'être ! (Le sabre en Hongrie est, ou du moins était, l'inséparable compagnon de l'*attila*.) Le *dolmany* (à peu près le dolman) était jeté négligemment sur leurs épaules.

Ces Hongrois si dramatiques étaient loin de patiner artistement; ils couraient fort, en faisant des *dedans* ébauchés, à la manière des commençants de première année, mais ces longues torches de résine, qui volaient enflammées sur toute l'étendue du lac, ce costume théâtral, ces sabres et éperons retentissants, cette excellente musique des Zigeuner (Bohémiens)[1], jouant des airs nationaux, toute cette scène nocturne s'est tellement gravée dans ma mémoire, que je ne puis m'empêcher de la décrire, en songeant au sort de ces pauvres jeunes gens si gais et si pleins de vie, quand je les ai vus, et qui depuis ont été tués, suppliciés, ou languissent dans l'exil. (L'un d'eux est général et se distingue en Turquie.)

On se tromperait cependant si l'on croyait que je propose comme modèle le costume national hongrois. L'attila, quelque court et élégant qu'il soit, est encore trop long pour nos exercices; mais j'adopterais facilement la culotte et les *topans* sans glands d'or ni éperons. Leur bonnet, le *kalpag*, est aussi commode que gracieux; la plume fait bien: c'est coquet, et ce serait juste, puisqu'il est convenu que le patineur vole. Peut-être la plume d'aigle est-elle un peu ambitieuse? celle de héron

---

1. Ces *Zigeuner* (prononcez *Tsigoéner*) étaient la *banda* fameuse de Neitra, qui ces années dernières a acquis à Londres fortune et célébrité.

un peu rare? On en prendrait une de coq, qui se trouve sous la main; ou on rejetterait toutes ces plumes et l'on choisirait n'importe quelle aigrette pour flotter au vent.

Revenons à la veste, qui est, après tout, le vêtement le plus commode, quelle qu'en soit la couleur; non une veste à taille courte, comme celle de l'Italien ou de l'Espagnol, mais allongée, couvrant les reins, boutonnée à la hussarde, ou à larges revers, tels qu'en portent les marins. Et, dans un intérêt de gymnastique et d'élégance, j'y joindrais une ceinture de soie un peu moins large que celle de nos zouaves.

Qu'il s'élève un comte d'Orsay pour donner le ton, et chacun s'empressera de l'imiter, quand même le modèle n'aurait pas le titre de comte!

# CHAPITRE XV.



Vous arrivez dès le matin sur une glace que vous avez rêvée polie et élastique [1].

Cette glace est rugueuse, moutonneuse, panachée, molle, lézardée, ou elle est couverte de neige : les balayeurs ordinaires sont absents, ils n'ont pas compté sur vous, et vous êtes loin de toute habitation ; ou votre glace tant désirée a disparu : vous voyez bien qu'on la charge dans ces tombereaux qui attendent sur le rivage ; des ouvriers, armés de crocs, en pêchent les derniers morceaux, et vous regardent d'un air narquois. C'est du guignon.

Je ne veux point parler de ces chances-là : vous n'y pouvez rien. Je suppose, au contraire, le temps et le lieu aussi favorables que possible ; de plus,

---

1. La meilleure glace est *jeune*, vierge, juste assez forte pour *porter* ; alors elle est élastique et presque ondoyante : ses oscillations sont sensibles à l'œil. On vole, on bondit sur une glace semblable.

vous avez à vos côtés quelques compagnons bien dispos qui, par hasard, ont été fidèles au rendez-vous. Mais alors il vous survient un malaise que vous ne définissez pas : vous êtes nerveux, vous avez froid, les jambes flageolent, le corps est roide, le pied n'est pas d'aplomb, vous devenez maussade, et vous patinez mal, tout fort que vous êtes habituellement. Ce sont là de mauvaises dispositions : vous n'êtes pas en *veine*.

Consolez-vous, ces jours néfastes luisent pour les plus fameux aux exercices d'adresse et à ceux de l'intelligence. On se venge communément du mauvais jour en le niant, et l'on emploie cette expression pittoresque : « Je ne suis pas dans mon *jour*, c'est-à-dire dans le jour qui m'appartient, qui m'est propre : les autres ne me regardent pas, je les ignore. » Faites mieux ; tâchez de marquer de blanc le prétendu jour néfaste. D'abord ne prenez pas d'humeur contre vos patins qui sont parfaitement innocents ; laissez-les tranquilles et ne les serrez pas tant. Patinez, sans souci de votre amour-propre, et, soyez-en sûr, vous retrouverez votre aplomb. Labourez la glace pendant deux heures avec acharnement ; *piochez*, comme le danseur qui fait ses battements avant d'entrer en scène. Ensuite, allez déjeuner, vous avez gagné de l'appétit.

Vous rappelez-vous le *fruit de l'épi*, dont se contentait le poëte ? Vous avez le droit d'être plus exigeant. Nous ne nous chargeons pas d'écrire le menu de votre repas ; vous êtes libre de choisir ce qui vous plaira, vous n'observez pas un régime d'*entraînement* comme un jockey ou un boxeur. Seulement, nous vous prescrirons le vin de Bordeaux, dont vous expérimenterez lentement la saveur et les vertus toniques. Le vin de Champagne ne se boit qu'après le plaisir de patiner : il fournit les toasts de gratitude.

Revenez dans l'après-midi sur ces incomparables bassins de Versailles. Quel changement ! vos mauvaises dispositions se sont évanouies, vos pieds se sont assouplis le matin, ils seront légers ! votre tête est dégagée de toute pensée fâcheuse, elle domine vos nerfs, elle est rayonnante, elle regorge d'inspiration.

« Le cheval, dit Job, dévore la terre ! » Cette hyperbole tant admirée, n'oserai-je donc pas l'appliquer à la glace que votre patin mord déjà ? Oh ! quel entrain est le vôtre, quel *brio !*... La fabuleuse Atalante, Camille la poétique, *qui part comme un éclair !* qui court sur les champs de blé sans que les blonds épis fléchissent ; vous devancez ces classiques, ces éternels modèles. Seuls, les *nuages rapides*, ces navires, ces fins *voiliers des airs*,

**Eilende Wolken, Segler der Lüfte,**

ceux-là seuls peuvent rivaliser avec vous et marcher de conserve.

« Et quel cadre pour vos figures ! Vous animerez tout. Le pâle soleil de janvier vous paraîtra étincelant comme au temps de la canicule ; les cristaux du givre seront de vrais diamants ; les statues de marbre de la terrasse vous applaudiront ; vous leur sourirez, vous ferez pour elles le *pas d'Apollon ;* le grandiose du Versailles de Louis XIV vous apparaîtra pour la première fois ; puis, couronnant l'œuvre, vous vous lancerez à corps perdu, et d'un pied, d'un seul pied, vous décrirez un immense *cercle en arrière*, les bras, les yeux élevés vers ce ciel généreux qui vous a accordé assez de jarret pour jouir de tant de faveurs !

Grave lecteur, déridez-vous ; et si j'osais, sans être traité de quaker, vous tutoyer avec cette bonhomie gauloise de nos vieux livres qui ne manquait jamais son coup, je vous dirais : *Ami lecteur,*

Lasz mich ein Kind seyn. — Sey es mit !

Ce vers, d'une tragédie de Schiller que vous avez sans doute lue, m'obligerez-vous à en être l'interprète? Je vais tâcher, bien que cette gracieuse naïveté ne soit pas traduisible.

Marie Stuart s'était abandonnée à d'enthousiastes rêveries. Anna, la sage confidente, voulait la ramener à la réalité, mais elle est entraînée elle-même, lorsque la reine l'interpelle en ces termes :

Lasz mich ein Kind seyn. — Sey es mit mir!
Laisse-moi être enfant. — Sois enfant avec moi!
(*Marie Stuart*, acte III, scène 1re.)

FIN.

# TABLE DES MATIÈRES.


DÉDICACE.................................................. Page    v

AVANT-PROPOS............................................... VIII

### CHAPITRE PREMIER.

L'invention du patin. — Klopstock et ses médecins. — *Eislauf.*
—Appel aux poëtes. — Comment M. de Lamartine sait chanter
en prose le plaisir de patiner........................... 1

### CHAPITRE II.

Les professeurs de patin et les amateurs. — La *botte secrète.* —
Les *quatre pas élémentaires.* — Les *sportsmen* de la glace. —
La gravité en France. — L'invention du télescope. — Pro-
fonde méditation des Anglais. — Le club des patineurs à
Londres, et S. A. R. le prince Albert.................. 8

### CHAPITRE III.

Le patin Perault. — Glossaire du *patinage*; grâce et barbarie. —
Manière de s'arrêter dans sa course................... 18

### CHAPITRE IV.

La peinture et la géométrie. — Classification : *Pas simples;
passes de transition; pas liés* ou *composés; pas à deux* ou *en
commun*............................................ 24

### CHAPITRE V.

Des *pas simples.* — Les mêmes *en grand*.............. 28

### CHAPITRE VI.

Des *pas composés* ou *liés.* — Des *pas à deux* ou *en commun* ............................................... 35

### CHAPITRE VII.

Les bras et les mains. — La plastique et le grotesque. — La
grâce............................................... 55

### CHAPITRE VIII.

Si l'on peut écrire son nom, etc., d'un coup de patin....  57

### CHAPITRE IX.

Les Groenlandais et les Russes. — Les Allemands ; les femmes ;
les Hollandais. — Les Anglais et les Français.........  61

### CHAPITRE X.

La musique et le patin. — *Le Prophète* — Les castagnettes.  72

### CHAPITRE XI.

La vieille école ; la nouvelle. — La perfection ..........  83

### CHAPITRE XII.

L'*âge d'or*. — Les vieillards *respectent-ils leurs années* quand
ils patinent ? — Le doyen des patineurs. — Paroles de
Pichegru............................... .............  87

### CHAPITRE XIII.

Les chutes. — Le plongeon. — Anecdotes. — Mesures de précaution...........................................  105

### CHAPITRE XIV.

Élégie. — Le costume et sa nécessité. — Promenade aux flambeaux sur le lac de Neusiedel......................  118

### CHAPITRE XV.

Le guignon. — Les mauvaises dispositions et le moyen d'y remé-
dier. — Délire. — Sage conclusion...............  126

FIN DE LA TABLE.

Ch. Lahure, imprimeur du Sénat et de la Cour de Cassation
(ancienne maison Crapelet), rue de Vaugirard, 9.

www.ingramcontent.com/pod-product-compliance
Lightning Source LLC
LaVergne TN
LVHW012330170726
843503LV00002B/798